羽場久美子
若松邦弘
大津留(北川)智恵子
水島治郎
金子 勝
河合正弘
朱 建榮
望月衣塑子
下斗米伸夫
川上泰徳
遠藤 貢

# 21世紀, 大転換期の国際社会
いま何が起こっているのか?

羽場久美子 編

法律文化社

# プロローグ：危機は打開できるのか？

　いまや，世界が新たな大転換期に入っていることは，誰の目にも明らかになりつつある。

　明治維新150年，第一次世界大戦終焉100年（以上，2018年），第二次世界大戦勃発80年，冷戦終焉30年（以上，2019年）——時代としても重要な節目の時期を迎えている。

　最大の問題は，19世紀から20世紀，およびつい最近まで「欧米近代」と近代世界秩序を作り，引っ張ってきたはずのイギリスとアメリカという歴史的な二大超大国とその国民が，「自国ファースト」を選択し，それを推し進め続けていることだ。世界は当惑しながら，この二国のあけすけな自国ファーストを見つめている。

　グローバリゼーションの結果起こっている人の自由移動という移民を排斥しつつ，EU（欧州連合）5億人市場の自由貿易のうまみには加わり続けようとするイギリス。「おいしいとこどりはゆるさない」とするEU。

　移民流入に対して壁を作り，パリ条約やWTOという，グローバル時代に共同で地球環境と自由市場を守ろうとする条約・機構を非難し，脱退しようとし，587万人に及ぶパレスチナ難民（2017年，UNRWA）の支援を拒否し，エルサレムに大使館を移転して対立と殺戮を拡大させる結果を招いたアメリカ。それも自国利害第一のために。

　人は，自分第一のリーダーにはついていかない。アメリカが作ってきた戦後世界秩序さえ，トランプ大統領はなし崩しにしようとしている。

　アメリカ・トランプは，加えて，戦後の敗戦国として自国ナショナリズムを抑えてアメリカ支持を鮮明にしてきた「忠実な」ドイツや日本などの同盟国・友好国さえにも，負担増を押しつけ非難を浴びせている。日本に対するタブーの非難（「真珠湾を忘れない」）や高関税措置の脅かしも，日米同盟に寄り添ってきた政権や企業さえも侮辱する発言といえよう。これでは友好国でさえ，どう行動すればアメリカに気に入られるのかわからない状況にある。

他方，中国も無用な対立を避けてアメリカと友好関係を維持しつつ，資本主義経済と政治的共産党一党独裁を併用し，経済発展を推し進めてきた。しかし2030年前後には中国はアメリカを抜く経済大国となる，ということがIMF（国際通貨基金）や世界銀行によって統計的に動かぬ事態として指摘されると，アメリカは中国の発展を押しとどめアメリカ経済を回復させようと，高関税の米中貿易戦争を仕掛け，中国はそれに対して同規模の報復で対応している。

　中国への高関税は，1ドルショップ（100円ショップ）に象徴されるような，安い雑貨や日用品を含む中国製品の価格を押し上げることになり，結果的に国内の貧困者層を直撃する。そして彼らの相対的賃金を全体として下落させる。トランプの政策は短絡的で，自国ファーストにもなっていない。そうしたなか，2018年11月に行われた中間選挙で民主党は下院の過半数を制した。しかし上院の共和党優位は動かぬままである。

　2017年末のカナダの国際会議では，ヨーロッパの代表やカナダの知識人から，「このままトランプ政権が2期目も続けば，アメリカは確実に世界秩序のリーダーから転落する」と批判的予言がなされていた。アメリカ国民は，それを押しとどめることができるであろうか。

　米ギャラップ社の調査によれば，トランプ支持は国内全体では41％であるが，共和党支持者に限れば85％と圧倒的であるという。トランプ以外に，大統領選に共和党で勝てる人物がいなくなってしまったためであろうか。共和党も含め，自政党と自国が生き残る，という短絡的な戦略が，長期的には自分で自分の首を絞める結果となっている。

　では，誰が新しい世界秩序を担えるのか。

　カール・ポランニー（ポラーニ）がいう「大転換」が，欧米近代資本主義の体制崩壊として必然的に起こる可能性が近づいているとされる。しかし問題は，どこが次の新国際秩序を作り牽引する準備ができているかということだ。現状では，どこもできていないようにみえる。本書はそれを展望しつつ，国際社会の各地域の変貌と課題を論じる。

　経済的には，IMF，世界銀行の統計判断に従えば，「このまま進めば」統計的に2030年ごろにはGDPで中国がアメリカを抜き世界1位に，2050年ごろには中国とインドが1位と2位を争うようになる。しかし現状では，両国の秩序

を世界秩序とするには，あまりにも世界中の国々が承認し適応する可能性は低いようにみえる。

「一帯一路」とAIIB（アジアインフラ投資銀行）は，アジアおよびアフリカ，ロシアを含む新秩序になるかもしれない。しかしそれが，北米・南米大陸，オセアニア，そしてヨーロッパの国々も納得する新秩序になるかどうかは現状ではきわめて疑わしい。

インドは民主主義国とされ議会が機能しているものの，カースト制により，最下層の貧民を民主主義体制に組み込むには，教育を含めて多くの課題が残されているようにみえる。ここ10〜30年で中国・インドがいかに世界秩序に責任能力をもって対処するかにかかっている。が，経済力に見合った世界秩序を代表するような政治・制度・秩序・価値のシステムを作るには，あまりにも時間も内実も不十分である。反発する勢力もきわめて多いであろうし，そもそも中国・インドの二国も，当面は自国秩序を世界秩序にするつもりはないようにみえる。アフリカやラテンアメリカもグローバル化のなかで急成長しているが，まだ世界をリードする力はない。

地球の温暖化に対応して地球環境を守り，グローバリゼーションに適応しつつ，市民の怒りや怨念を正しい方向に転換させる能力をもちうるという点で，より可能性の高いのはEUであろう。

現状では，マクロン大統領のフランスと，メルケル首相のドイツか。しかしドイツではメルケルは自分を継ぐ指導者を育てられないまま党首を辞任し，独仏両国内では共にポピュリスト政党が成長を続けている。

EU全体も内部からのポピュリズムや「大衆の反逆」で揺れており，2019年のヨーロッパ議会ではポピュリスト政党が最大勢力となる予測もある。ポピュリスト勢力が多数を占め，ロシアのプーチン大統領やアメリカのトランプとも結んでEUを内側から揺さぶり，数を頼んでEU解体宣言をするようなことになれば，世界は大混乱に陥る。

リーダー不在のまま，旧秩序が「大転換の必然」のなかで崩壊すれば，「大転換」は世界中での混乱と紛争を拡大させる可能性が高い。

その意味では少なくともアメリカと欧州に，世界で新たな秩序の準備が整うまで，世界秩序を維持してもらうことが不可欠であろうが，トランプは私たち

の目の前で，いとも簡単に，200年かけて作り上げてきた欧米の国際秩序をなぎ倒して進んでいるようにみえる。

「人類は賢明に生き残れるのか」──まさにそうした姿勢が問われるなか，アメリカではＱの運動（「トランプは救世主であり，それを叩く者はフェイクニュースの陰謀者である」）という不気味な動きも起こっている（2018年夏）。

経済だけでなく，知のレベルでも急速に成長する中国人やインド人など「アジア系の学生」を，ハーバードなどトップ大学から締め出す傾向が始まっている。成績のみで判断すれば，アジア系が半数以上を占めていく可能性があるからである。日本の医科大学の女子学生排除と似ている。経済の高関税戦争と同様の「守りの論理」であり，抜かされつつある先進国国民の知のレベルでの自国ファーストである。

再び，「人類は賢明に生き残れるのか」──10年後，中国が経済力でアメリカを抜く時代は目の前に来ている。30年後，中印日ASEANで世界経済の半分以上を占めていく時代を見据え，未来を託すため，私たちができることは，まずは経済のバランスを保持し安定と発展を継続すること，次に各地で暴発するナショナリズムやテロをこれ以上の紛争の拡大や戦争に向かわせないこと，第3に世界の安定と発展を支える賢明で誠実で国際的視野をもった若者を，日本を含む各国で育てることである。それらが賢明にできれば，日本を含む若者たちが新国際秩序に自制と責任をもちつつ関わっていくことは夢ではない。

そもそも英米の若者たちの多数は，イギリスのEU離脱にもトランプにも投票しておらず，反対してきた。そうした若者の芽は，各国各地で育っているともいわれる。そうした若者を日本でも育てるには，どうすればよいのか──

時まさに明治維新150年である。当時の日本人が欧米近代秩序を受け入れつつ，それを「坂の上の雲」として，150年間で世界2位，3位の経済大国に成長した。それがいま，新しい秩序と価値転換の時代を迎えようとするとき，私たちの21世紀の「坂の上の雲」は，何をめざすべきなのか。

いまポピュリズムおよび各国の国民，とりわけ地方や高齢者や地方中産層といわれる人々が自国ファーストを掲げているのは，まさにそうした人々が旧体制の秩序から恩恵を受けなくなり，落ちこぼれつつある者が多数派となってい

ることを示している。旧体制を崩しているのはそこから恩恵を受けてきた彼ら自身なのである（日本は既成政党が地方と高齢者を票田として重視し続けているため，野党のほうが支持基盤を失っている。しかし若者や女性は置き去りにされてきた。そこをどこがすくい取るかにかかっている）。

　ポピュリストに投票する人々を無知だ，感情的だと非難するのではなく，新時代の最大の被害者である人々と認識しつつ，それが自国ファーストではなく，グローバル化のなかで，多様性との共同・共存による安定的発展，国連のSDGs（持続可能な開発目標）にいわれるような，排除され落ちこぼれる人たちがない発展をめざして問題を解決していくような社会は作れないのだろうか。それが長期的には新しい世界秩序の原型となっていくのではないか。

　若者たちには，新しい多様な国際社会を共存させる秩序と価値を，未来に向けて作っていくにはどうするかを，多くの書を読み，自分たちの頭で考え，議論し，実践していっていただきたい。それが「反知性主義」「真実後（ポストトゥルース）」「自国中心主義」「外国人嫌い（ゼノフォビア）」を乗り越えていく鍵であり，「コモンセンス（良識，共同の考え）」や多様性に配慮しつつ，誰もが排除されず包摂される社会を作り上げ，新しい時代を作っていく，「熟議民主主義」を発展させる基礎となっていくであろう。

　本書は，大転換期の国際社会について，何が問題であり，その根源には何があるのか，どう解決すれば新しい展望を築けるのか，新しい秩序はどのようなものであるべきか，を不断に問い続け，変容する国際社会のなかから新しい道筋をみつけていこうとする書である。

　意を汲み取っていただき，各分野の第一線で活躍する研究者やジャーナリストたちが忙しいなかで玉稿を寄せてくださり，最新の情報と英知を披露し，余すところなく世界各地の領域における現代の特徴，問題点，展望を示していただいた。

　法律文化社の上田哲平さんには，いまの時代に最も求められる書，国際政治だけでなく国際社会全体を広く深く見渡し考えさせる書を，と注文をつけていただき，2年にわたり併走してくださった。心より感謝申し上げる。それに応えてくださった気鋭の優れた執筆者の方々にも，あわせて心より感謝を申し上

げたい。

　読者の方々，とりわけ若い方々には，本書を通じて現代の根本的問題点を見据え，「温故知新」「新しい酒は新しい革袋に盛れ」にならい，新しい時代に，旧来私たちが学び，教育し，実践してきた近代世界秩序や価値をふまえつつ，何が現代に求められ，何がより広範な層，より弱い層，より貧しい層にも安定と繁栄をもたらすか，新しい時代の国際社会に必要な世界秩序とはどうあるべきかを，考えていっていただきたい。

　皆様の忌憚ないご意見，建設的な未来を見据えてのご教示を，心より歓迎したい。新しい時代に，責任をもって生きるために。

【羽場久美子】

# 目　次

プロローグ：危機は打開できるのか？ ―――――――――――――――― i

序　章　いま国際社会で何が起こっているのか？ ――――――――――― 1
　　　　　　　　　　　　　　　　　　　　　　　　　　　　　　［羽場久美子］
　1　100〜200年に一度の大転換期――いま何が起こっているのか？　 1
　　（1）先進国危機
　　（2）新興国の急成長――東アジア危機と，グローバル・サウスの台頭
　　（3）地域紛争の拡大とナショナリズムの成長，宗教対立，テロの激化
　2　どうすればよいのか――欧米近代を超えて　 3
　　（1）世界はどこへ？
　　（2）日本はどこへ？

## 第Ⅰ部　先進国の危機と「自国ファースト」

第1章　なぜ移民・難民が世界にあふれているのか？ ――――――――― 8
　　　　　　　　　　　　　　　　　　　　　　　　　　　　　　［羽場久美子］
　1　移民問題とは――グローバリゼーションと格差の拡大　 8
　2　難民問題とは――地域紛争と空爆　 9
　3　グローバル化は「中産層の貧困化」を生み出しているのか
　　　――プア・ホワイトの出現　 12
　4　なぜ「福祉ナショナリズム」が欧州で起こっているのか
　　　――包摂から排除へ　 14
　5　経済と知の時代――アジアの優位か？　 15
　6　どうすればよいのか――多様性との共存　 16

第2章　イギリスはなぜEUからの離脱を選択したのか？ ―――――――― 20
　　　　　　　　　　　　　　　　　　　　　　　　　　　　　　［若松邦弘］
　1　序論――2010年代のイギリス政治　 20

2 連立政権の誕生（2010年） 21
(1) なぜ過半数を制する党が生じなかったのか
(2) なぜ保守・自民の連立となったか

3 スコットランド住民投票（2014年） 23
(1) なぜ住民投票は接戦となったか
(2) なぜ住民投票は実施されたのか

4 保守党単独政権（2015年） 25
(1) なぜ少数政権が予想されたか
(2) なぜ保守党は過半数を確保したか

5 EU国民投票（2016年） 27
(1) なぜ離脱票が上回ったか
(2) なぜ国民投票は実施されたのか

6 保守党少数政権（2017年） 29
(1) なぜ保守党は議席を減らしたのか
(2) なぜ突然の総選挙となったのか

7 結論──エリートの過信と政治疎外 31

## 第3章 アメリカ・ファーストの世界とは？ ── 33
[大津留(北川)智恵子]

1 トランプ大統領の選出 33
2 ヒルビリーの物語 35
3 異質なものを排除する壁 39
(1) メキシコ国境
(2) 中東からの移民・難民
4 ポピュリズムの分断線を越えて 44

## 第4章 ポピュリズム拡大の背景は何か？ ── 46
[水島治郎]

1 ポピュリズムとは何だろうか 46
(1) ポピュリズムの躍進
(2) ポピュリズムの定義

2 ポピュリズム伸長の背景 48

（1）左右対立の変容
　　　（2）政党と団体の弱体化
　　　（3）日本における組織離れ
　　　（4）脱工業化とグローバル化
　　3　ポピュリズムの国際比較　53
　　　（1）「右」と「左」のポピュリズム
　　　（2）西欧型とラテンアメリカ型
　　　（3）日本型――「中」のポピュリズム
　　　（4）「大都市」のポピュリズム
　　　（5）21世紀型政治の出現？

## 第Ⅱ部　アジアの動きと日本の未来

### 第5章　日本経済はトランプ政権に立ち向かうことができるのか？――60
[金子　勝]

　　1　外交ができない日本　60
　　2　「紙幣本位制」と国際的政治経済秩序　62
　　　（1）バブル循環と中央銀行
　　　（2）中央銀行によるバブル創出へ
　　　（3）バブル循環と選挙循環
　　3　アメリカに組み込まれる日本経済　69
　　　（1）「紙幣本位制」と貿易収支の政治的調整
　　　（2）米FRBの正常化と日銀の異常
　　4　トランプ外交の特質　72
　　　（1）貿易戦争
　　　（2）北朝鮮とイランでの対照
　　　（3）戦後秩序への攻撃

### 第6章　AIIBは中国にとってどのような意味をもつか？――78
[河合正弘]

　　1　はじめに　78
　　2　中国はなぜAIIBを創設したか　79

3　AIIB に関する当初の懸念　82

4　AIIB の活動と評価　85
　（1）AIIB の活動
　（2）AIIB の当面の評価

5　日本の対応　90
　（1）「質」の高いインフラ支援
　（2）「自由で開かれたインド太平洋戦略」
　（3）「一帯一路」構想との連携

6　おわりに　95

## 第7章　中国は北朝鮮にどう関与するのか？ ―― 97
[朱　建榮]

1　長い交流歴史に由来する複雑な相互感情　97
　（1）紀元前から密接な関係
　（2）朝鮮戦争で今日の対立構図に

2　中朝関係の裏表　100
　（1）大国のはざまをうまく切り抜ける北朝鮮
　（2）鄧小平時代に「特殊関係」が変化

3　習近平時代の半島外交　102
　（1）北朝鮮の核開発に危機感
　（2）「非核化」は中国の優先課題に

4　非核化交渉と半島の将来　104
　（1）北朝鮮の「170度転換」
　（2）中国は半島の将来をどうみているか

## 第8章　日本はなぜ武器輸出の道を突き進んでいるのか？ ―― 108
[望月衣塑子]

1　トランプにすり寄る安倍官邸　108
　（1）日米首脳会談
　（2）伏線としての「デッドライン」

2　武器輸出解禁後，増え続ける米国からの武器購入　111
　（1）47年ぶりの武器輸出解禁

（2）日本の財政を圧迫する「FMS 取引」
　3　官邸，各国へ日本の武器売り込み指示　　114
　　　（1）哨戒機，輸送機を宣伝
　　　（2）軍事版 ODA
　　　（3）2018年度予算は過去最高の 5 兆1,900億円超
　4　進む軍学共同，抗う研究者たち　　118
　　　（1）軍事研究を後押しする政府
　　　（2）中東ドバイで初の武器展示会
　5　アメリカの強かさ　　121
　　　（1）アジア歴訪後，圧力をかけ続けるトランプ大統領
　　　（2）トランプ大統領就任以来，ロッキード社の株価は85％増
　6　日本は米国型の軍産複合体をめざすのか　　123

## 第Ⅲ部　宗教と地域紛争・テロ

### 第9章　ロシアの正教和解はなぜ実現したのか？ ───── 126
　　　　　　　　　　　　　　　　　　　　　　　　　　　　　［下斗米伸夫］
　1　はじめに　　126
　2　古儀式派とは何か　　129
　3　古儀式派とロシア革命　　131
　4　ソビエト国家と古儀式派　　134
　5　おわりに　　136

### 第10章　「アラブの春」は中東危機を解決したのか？ ───── 138
　　　　　　　　　　　　　　　　　　　　　　　　　　　　　［川上泰徳］
　1　中東危機の「軍事化」と「イスラム化」　　138
　　　（1）国家の破綻と IS の出現──2 つの危機の要因
　　　（2）中東に戦争をもたらしたブッシュ父子大統領
　　　（3）テロ対策を「戦争化」したブッシュ政権
　2　「イスラム国」とは何か　　141
　　　（1）アルカイダから「イラク・イスラム国」へ

（2）イラク戦争後，シーア派もクルド人も「国」志向
　　　（3）ISとアルカイダの違いとは？
　　3　アラブの春とイスラム化　　144
　　　（1）「アラブの春」で若者たちに起こったイスラムへの覚醒
　　　（2）ムスリム同胞団が勝利した民主的選挙
　　　（3）指導者，組織，イデオロギー不在の革命
　　　（4）若者たちをとらえたイスラムの論理
　　　（5）「アラブの春」の背景に若者人口の増加
　　　（6）タハリール広場を埋めたイスラム厳格派
　　4　「アラブの春」をつぶした軍事化　　149
　　　（1）民主化はつぶされたが，若者の反乱は続く
　　　（2）ISもまた「アラブの春」の流れの若者の反乱
　　　（3）米軍の「対テロ戦争」が民間人の無差別殺戮に
　　　（4）軍事一辺倒の「IS制圧」で問題は拡散

## 第11章　アフリカにおけるテロの脅威にどう対応するのか？ ── 154
　　　　　　　　　　　　　　　　　　　　　　　　　　　　［遠藤 貢］
　　1　暴力的過激主義，あるいは「テロリズム」という脅威　　154
　　2　アフリカにおける紛争と紛争主体の変容　　155
　　　（1）レノによる類型
　　　（2）ストラウスによる類型
　　3　アフリカにおける紛争対応の様式の変容　　159
　　　（1）アフリカ連合の誕生
　　　（2）新たな紛争対応ミッションの運用
　　　（3）新たなミッションの課題
　　4　アフリカにおいて「テロ」を用いる反乱勢力をどうとらえるか　　162

**エピローグ：未来に向けて** ──────────────── 165

索　　引
執筆者紹介
編者紹介

# 序章　いま国際社会で何が起こっているのか？

　現在，100年いや200年に一度の大転換が起こっている。「欧米近代」という200年にわたり地球上を支配し牽引してきた価値観，歴史的な近代化を引っ張ってきた英米二大超大国が，「自国ファースト」を唱える指導者・国民により，驚くほどの自国中心主義と保護主義を前面に出し，自らが作り上げた，自由主義，民主主義，法の支配を揺るがしながら進んでいる。それとともに，パックス・ブリタニカ，パックス・アメリカーナが築き上げてきた欧米近代が，実はいかに欧米中心の価値観の下で進められてきていたのか，というベールも，ポストコロニアリズムやグローバル・サウスの台頭によって剥がされ，明らかにされつつある。

　他方で，ロシア，中国，中東，アフリカなどの経済的な急成長とともに，宗教の役割の再構築，若者によるイスラムの再認識やテロリズム，グローバリゼーションの下での新興国の新しい動きが，新しい風を国際社会に吹き込んでいる。

　20世紀までの知が役割を終えつつあり，新しい知と秩序と制度の模索が始まっている。「反知性主義」「真実後（ポストトゥルース）」という言葉が飛び交うほど，20世紀の「良識」が国民自身の選択によって崩され始めている。本書は，そうした新しい動きの芽を，21世紀に起こっているさまざまな事象から分析し，私たちが向かうべき未来を，共に考えようとする試みである。

## 1　100〜200年に一度の大転換期──いま何が起こっているのか？

### （1）先進国危機

　2018年は，明治維新150年，第一次世界大戦終焉100年という，日本にとっても世界にとっても時代を分ける，重要な年であった。また，2019年は第二次世界大戦勃発80年，冷戦終焉30年であり，新しい時代が始まろうとしている。

大転換の時代の兆候として、21世紀に入り、予期せぬ出来事が次々と起こっている。

　21世紀に入ってすぐに起こったのは、2001年9・11ニューヨークの世界貿易センタービルを襲った同時多発テロであった。これは現在に至るテロの時代を象徴する画期的事件であった。

　2008年のリーマン・ショック、およびそれに続く2010年のユーロ危機、というアメリカと欧州の二大先進国地域での金融危機は、ドルとユーロという2つの基軸通貨による安定と繁栄の時代が揺らぎつつあることを示した。

　2015年には、世界全体で6,500万人という第二次世界大戦時以来最大の難民が流出し、欧州にも100万を超える難民があふれた。それが1つのきっかけとなり、2016年、現代世界を象徴するような、大国の「自国ファースト」、イギリスのEU離脱、アメリカのトランプ大統領の選出という事態が起こった。人権と福祉を充実させてきた世界の模範のようなヨーロッパで、ポピュリズムと移民排斥の動きが広範に及んだ。

　こうした予期できない事態を指して、2016年前後には、「反知性主義」や「真実後（ポストトゥルース）」「外国人嫌い（ゼノフォビア）」という言葉が社会に蔓延した。私たちが合理的に考えてきたこと、蓄積してきたことなどが、予想外にひっくり返るような時代であることを示している。また、異質な者に対する排斥も広がっている。

　何が問題なのか。先進国、および先進国の近代が危機を迎えている。イギリス、アメリカ、欧州経済の頭打ち状況は、日を追って深刻化しているようにみえる。

　民主主義の揺らぎも進行している。近代という、私たちが明治以降一貫してめざしてきた価値が揺らぎ始めている。選挙でのナショナリスト政党、右翼政党の成長。移民排斥、福祉ナショナリズム、境界線での地域紛争の拡大。宗教の対立、テロの広がりが、先進国と新興国のはざまで広がりつつある。

## （2）新興国の急成長——東アジア危機と、グローバル・サウスの台頭

　他方で、中印 ASEAN、BRICS 諸国の成長が著しい。グローバリゼーションの競争のなかで、毎年の経済成長率をみても、新興国では6～10％の急速な経

済成長，先進国は軒並み1％台の低成長で，190か国のボトムに近い。新興国のトップが先進国を追い抜かすのは時間の問題である。

　日本では「中国崩壊論」を喧伝する本が山積みで売られているのと対照的に，アメリカ，欧州では，いつ中国はアメリカを抜くか，そうなれば世界はどうなるのか，という新秩序構想に焦点が移っている。日本は臭いものにフタのようなかたちで，新しい時代の指針を見通すことを避けている。しかし時代は着実に変化していっている。

### （3）地域紛争の拡大とナショナリズムの成長，宗教対立，テロの激化

　現代の先進国の頭打ちと，各地でのナショナリズムの成長は，第一次世界大戦前夜との類似性を強く感じさせる。科学技術の進歩が，平和な地域に着々と大規模戦争の準備を進め，ひとたび不安定地域で戦争の火種がまかれると一挙に地域全体，世界全体に広がっていった歴史の教訓がある。

　100年前と決定的に違うのは，科学技術が格段に進歩し，殺傷力も比較にならないくらい強化され，AI（人工知能）やサイバー，ドローンを含め，きわめて多様な殺戮方法が実行可能であり，さらに日々進化しているということである。

　イスラムとカトリック教会との対立は，この間の紛争の激化のなかで，IS（Islamic State）という殺戮組織を生み出し，SNSやインターネットを駆使して，欧州のイスラム系移民2世，3世の若者たちの一部にテロの火種をまいた。

　またロシアでは古儀式派の研究が進み，それがいかにロシアの革命史を牽引し支えてきたかという新しい分析も進んできている。

## 2　どうすればよいのか――欧米近代を超えて

### （1）世界はどこへ？

　世界中が，イギリス，アメリカ，欧州の行方を，心配をもって見守っている。そこから外へ目を転じても，必ずしも展望がみえるものではない。

　中東では，トランプ米大統領のイスラム系国家の移民の制限やエルサレムへの米国大使館の移転によって，あるいはIS掃討後のシリアの不安定化と空爆の継続によって，さらに東アジアでは北朝鮮の核ミサイル危機によって，不安

定化が進行している。米朝会談後の東アジアの非核化や安定もまだ本格的和平の状況がみえない。

中国・インド，BRICS 諸国やアフリカでは経済成長と経済共同関係がみられるが，それもまだ本格的に次の社会秩序を生み出すには至っていない。中国は摩擦(フリクション)を起こさないため，欧米秩序の改編を意識的に避けようとしているようにみえるが，一方では南シナ海をめぐる不安定化も進行している。

世界の紛争地域はなくならないばかりか拡大している。転換の予兆はみえるが，まだ青写真はまったく作ることができていない状況である。いまなすべきは欧米近代を歴史的にも将来的にも見通しつつ，新しい成長の芽と新秩序がどのようになっていくのか，何をなすべきなのかを本気で構想することである。

正確な実証分析と，歴史的に透徹した哲学と，将来を見通す思想と理論，それをかたち作る制度が必要である。時代は，一国主義から共同へ向かっている。大国の「自国ファースト」を超え，安定と繁栄，人々の福祉や人権を擁護するため，われわれは何をなすべきか。

## （2）日本はどこへ？

先進国の一員として不安定化が進行する，私たち日本はどこに向かうのか？

150年前の明治初期に「坂の上の雲」として，仰ぎみてきた欧米の価値が音を立てて揺らぎ始めているとき，私たちはそれでもアメリカの知識人からも危ぶまれているようなトランプ体制にしがみついて，日米同盟を堅持し，安定と新秩序が必要な時代に，2機6,000億円といわれるイージス・アショアを購入すべきなのだろうか。それで何をするのか。

国内の格差が拡大し，次世代に税金が先送りされ，国家破たんが明らかになりつつある時代に，それに対する新しい方策を打ち出さないまま，日本はどこへ向かうのだろうか。

本書では，各章を疑問形式で示すことにより，読者の方々に自分が答えを見出す主体として，問題を考えてもらう形式をとっている。21世紀四半世紀めの課題は，新しく，深く，重く，多様であり，それぞれの地域と国民の実態に即して，何より若者を取り込み，解決すべき課題に本気で取り組んでもらいたいと考えるからである。

本書では，21世紀の大転換期の国際社会において，グローバリゼーションのもと，各地域で何が起こっているのか，その背景に人々のどのような生活の変化や思考の変化，営みと考えがあるのか，それに対してどうしていけばいいのかを，各領域の第一線の論者が分析し，問題提起をしている。各章末には，読者に議論していただきたい問い（**ディスカッション**）と，さらに発展させて問題を考えたいときの **参考文献** が提示されている。

歴史の大きな転換点に直面している現代の国際社会において，過去，現在，未来を鳥瞰し，他方でそれぞれの地域や領域に即して，そこに生きる人々の目線から，問題を考え分析し，解決方向を模索するきっかけを提供できる書となれば，望外の喜びである。

### ディスカッション

① まずは，現代世界がどういう時代なのか，プラス・マイナスを自由に語ったうえで，なぜそうした状況が起こっているのかについて，自分なりに説明してみよう。わからなければ本を調べて，考えてみよう。
② 20世紀がどういう時代であったのか，20世紀に最も重要であった価値は何か，そのうちのどれが21世紀の100年にとっても重要な価値と考えられるか。大きな問題であるが，以下の各章を考えていくためにも，自分なりの問題意識をいくつももっておこう。
③ 21世紀，後半をリードしていくのは，アメリカか，ヨーロッパか，アジアか，アフリカか，ラテンアメリカか。なぜそう考えるのか。新時代の秩序はどのようなものだろうか。自由に語りあい，意見が異なる人がなぜそう考えるのかも考えてみよう。

### 参考文献

アリソン，グレアム，2017，藤原朝子訳『米中戦争前夜──新旧大国を衝突させる歴史の法則と回避のシナリオ』ダイヤモンド社.
羽場久美子，2016，『ヨーロッパの分断と統合 拡大 EU のナショナリズムと境界線──包摂か排除か』中央公論新社.
羽場久美子編，2018，『アジアの地域共同──未来のために』明石書店.

【羽場久美子】

第Ⅰ部——**先進国の危機と「自国ファースト」**

# 第1章　なぜ移民・難民が世界にあふれているのか？

　移民・難民問題は21世紀の世界で最も重要なテーマの1つになる。なぜならここには21世紀のあらゆる問題が内包しているからだ。

　2015年，世界の難民は6,500万人であり，第二次世界大戦後最大といわれる難民が世界を覆った。そのうち100万人は欧州をめざし，欧州難民危機を引き起こした。

　いま，なぜ移民・難民危機なのか。1つは冷戦終焉とグローバリゼーションの拡大のなかで，人の移動が著しく活発になり，グローバリゼーションによる格差の拡大や先進国の頭打ち状況と絡んで，社会に不安と不満を生み出していること，第2に，難民問題の背景には，冷戦終焉後の地域紛争の拡大と空爆があり，彼らはその最大の被害者であること，第3に，そうしたなかで，先進国内で「中産層の貧困化」が進んでいること，第4に，その結果，「福祉ナショナリズム」と呼ばれる現象が起きており，それが西欧や北欧で自分たちの福祉や雇用を守るため，移民を排斥し「自国ファースト」の動きが起きていること，などが重要な要因としてあげられる。アジア諸国など新興国の経済成長は後戻りできないほどに進みつつある。

　問題解決は簡単ではない。グローバル化と人の移動は止めることはできない。重要なことは，自国ファーストや保護主義ではなく，移民・難民を含む多様性との共存，自由貿易の継続，雇用の創出であり，少子高齢化社会の解決方法・先進国の競争力の回復として移民を活用することができるかどうかにあるであろう。

## 1　移民問題とは──グローバリゼーションと格差の拡大

　1989年の冷戦の終焉と，グローバリゼーションの結果，東西の壁，また南北の壁が取り払われ，国境の開放が大量な人の移動を生み出した。ジャック・アタリがノマド（遊牧民）と呼ぶ，こうした人の移動は，2017年には2億4,400万

人となり，国際移住機関（IOM）が発表した報告によると，2050年までに世界の移民人口は4億人を超える。それは世界総人口の7％規模となるとされる（Record China）。

こうした移民たちは，かつての「3K労働者」のような出稼ぎ移民と異なり，かなりのエリートたちである。企業進出，留学，研究，よりよい賃金を求めて頭脳労働者の国境を越えての移動が，一般の出稼ぎ労働者に加えて急成長している。グローバリゼーションによる人の自由移動は，富を作り出す。

移民は，プル要因・プッシュ要因と呼ばれるように国家と企業が後押しするかたちで成長している。先進国の企業にとっては，移民は安い賃金で良質な労働力として競争力と富を生むプル要因である。また出ていく祖国にとっても，祖国の家族たちに仕送りすることで外から富を還流させるプッシュ要因となる。これをいかに効果的に運用するかというポジティブな検討が必要となる。

一方で競争は格差をも生み出す。移民が入ってくることにより，国内の賃金体系にも変動が生じる。より安い賃金でより効率的な，あるいはより生産的な活動を生むことで，全体としての平均賃金が下がり，手に職のない労働者が競争からあふれ始めるからである。これが，国内の格差のもう1つの要因となる。失業は統計では移民のほうが国内労働者よりつねに圧倒的に高いが，それでも未熟練労働者にとっては移民は強いライバルとなって出現する。

## 2　難民問題とは──地域紛争と空爆

移民と難民はよく一緒に議論されるが，移民と難民は厳密には異なる概念である。ただ現実には，偽装難民というややこしい移民が増えてきていることや，数少ない難民の負担の大きさから，移民排斥へと転換されることも多い。その結果，当初存在した移民に対する肯定的感情が，難民の流入により否定的感情になっていった実態もある。ゆえに，本来は違うにもかかわらず同レベルで論じられて，難民問題が，本来国にとって有益な移民問題にすり替えられて否定的感情が拡大しているのが現状でもある。

「移民」は経済学・社会学的用語であり，賃金格差を利用して途上国から先進国へ，知識を求めて知的先進国へ，あるいは逆に企業進出や投資，技術移転

第Ⅰ部　先進国の危機と「自国ファースト」

図1-1　ギリシャの島に上陸するシリアの難民

注：2015年の難民数は，全世界6,500万人，欧州100万人。第二次世界大戦以降最多となった。
出所：© AFP PHOTO / LOUISA GOULIAMAKI Syrian refugees flash the victory sign as they sit aboard a dinghy carrying heading to the island of Lesbos early on June 18, 2015. Some 48,000 migrants and refugees have landed on Greek shores so far this year, compared to 34,000 arrivals during all of 2014, according to the International Organization for Migration (IOM).

などの結果，先進国から途上国へも人が経済的・社会的に移動する行為をいう。

他方「難民」は，政治学・法学的用語である。地域紛争，および政府や大国による空爆の結果，大量の難民が自分の家を壊され，家族を殺され，財産を失って「命からがら逃げてきた人々」のことをいう（図1-1）。

難民に対しては国際法や難民条約で，あらゆる国は「保護する責任 (Responsibility to Protect)」をもつ。これは，自国民の保護とは別に，「戦争によって自国民保護ができない国や地域から逃れてきた人々に対し，国際社会がこれを保護し生きる権利を与える」，ということである。難民は，2000年にカナダ政府によって設置された「介入と国家主権に関する国際委員会 (ICISS)」の報告書にもとづいて定義され，2006年の国連安保理決議第1674号で再確認された。

そもそもは第二次世界大戦期に，大量の難民が世界にあふれたことに対応して，1951年に「難民の地位に関する条約」が国連で採択され54年に発効した。その後，これを補充する「難民の地位に関する議定書」が1966年に作成され，67年に発効した。2014年で，条約と議定書両方の当事国数は143か国，どちらかの当事国数は148か国である（UNHCR）。

移民に対しては，受け入れ国は入国管理の際に労働を含めて厳しい審査を行い，高い基準と能力をもつ人々について自国で労働する権利を与えるという過程を経る。しかし難民の場合には「保護する責任」によって，パスポートをもっていなくても着の身着のままであっても，水と食事，雨風をしのげる住居（テントや仮宿舎を含む），医療・衣類，時に教育を与え，基本的人権を保障するような生活を与える責任が，受け入れ国に「人道的に」課される。

難民キャンプの形式は国それぞれであり，中東・アジアの場合はまさに砂漠の上にテントを張るかたちでの難民キャンプが多いかもしれない。筆者はかつてオーストリアやハンガリーの難民キャンプを訪れたことがあるが，芝生が敷き詰められた広場にプレハブの住宅が建ち，中では授業をやっているところもあり，外にはテニスやサッカーができるコートがあり，別のプレハブでは食事をしたり，床屋で髪を切ってもらうなど，当時はコソヴォ紛争のころで難民数が近年ほど多くなかった時代であったからかもしれないが，これでは祖国に帰りたくなく定着してしまうのもやむをえないのではないかと思うような保護がなされていた。

　しかし難民数が爆発的に増大するなかで，「保護する責任」は結局税金によってなされるわけで，受け入れ国にとって大きな負担になってくることになる。

　2015年「難民危機」といわれた年は，世界で6,500万人の難民が流出し，第二次世界大戦後最大となったとされる。なぜ「命からがら」逃げてくる人々が，「第二次世界大戦後最大」なのか？

　それは，世界での地域紛争の拡大と空爆の結果であることを理解する必要がある。先進国も加害者なのである。冷戦終焉後，地域紛争は世界に広がった。米ソ二大超大国の核の脅威がなくなった結果，各地で地域紛争が拡大し，2010年には，紛争に何らかのかたちで関与している国は89か国，23億3,000万人，世界の3人に1人は紛争に関わっている，とされた。地域紛争の多くは，宗教対立，地域対立，民族対立，独裁から民主主義へ，民主主義から独裁への革命や転換，それに対する大国の空爆が飛躍的に難民数を増大させた。シリアのジャーナリストの講演によれば，IS（Islamic State）が殺す数よりもアサドやロシア，アメリカなど，政権や国外大国の介入による空爆のほうが，けた違いに難民の数を増大させたと統計を示していた。

　世界の3分の1で起こっている国内内乱や空爆のしりぬぐいを，各国が自国の税金を使って行うには限界がある。6,500万人中，6,400万人は中東・アラブ・アジアに存在するのだ。その報道は先進国ではほとんど行われていない。

　第二次世界大戦後最大といわれる難民を救うには，「保護する責任」だけでなく，空爆戦闘を止め，地域紛争を話し合いと制度化により解決する必要がある。とくに空爆する大国はその責任をとって国家再建や難民保護に，空爆と合

わせて支援を行うことを義務づけるべきだ。かつては「アメリカが破壊し，ヨーロッパと国連が後片付けをする」といわれた。しかし，空爆による大量難民を「保護する責任」は，受け入れ国の人道的支援に依拠するだけでなく，中東の独裁政権やアメリカやロシア，イギリスなど空爆をする国にも負担を負わせなければ6,500万人の難民を救うことはできない。

　私たちは情報の得やすい欧州100万人の難民のみに神経を集中させがちであるが，その64倍の数の難民が，いまなお中東・中央アジア，アジアに滞留し，トルコ1国だけで欧州全域の3倍，300万人の難民を受け入れていることを忘れてはならない。

　世界の3分の1が紛争や対立状態にあるなかで，一部の国だけが国民の税金を使って難民を保護するのはもはや限界であることを，国際社会はまず認識すべきであろう。そして欧州の難民以上に，中東・アジアに滞留する数千万の難民をどう救うかを考えるべきだ。国連は人々の善意に頼るだけでは追いつかず，爆弾を落とし家や地域を破壊し数百万人規模の難民を一挙に創出する，空爆当事国・大国にこそ難民流出の「責任」を要求すべきであろう。

## 3　グローバル化は「中産層の貧困化」を生み出しているのか──プア・ホワイトの出現

　グローバル化と，移民・難民流入の結果，2つの新たな緊急の事態が現れ，排除と疎外を生み出している。1つは「中産層の貧困化」であり，いま1つは「福祉ナショナリズム」といわれる福祉国家における移民排斥である。
　まず，なぜ「中産層の貧困化」（図1-2）現象が起こっているのか？
　グローバル化は，人の流入と競争の拡大を促し，それが格差の拡大を生む。
　第1は，地域間格差である。その結果，冷戦期のイデオロギー対立や20世紀の貧困とは異なるかたちではあるが，東西格差，南北格差が現れる。そうした賃金の格差は，さらに，東から西へ，南から北への移民の流入を呼ぶ。
　第2のより大きな問題は，国家内格差，縦の社会ヒエラルキーの格差である。これは，「中産層の没落」として始まる。いわゆる，トランプ大統領樹立を支えたプア・ホワイト，あるいはイギリスのEU離脱に投票した地方・高齢者層である。

図1-2　社会のピラミッド構造の変化：「中産層の貧困化」

出所：筆者作成。

　彼らの特徴は，旧来はあまり投票に行かない層，あるいは旧来穏健保守に投票してきた層，あるいは旧来労働組合を支える穏健左派に投票してきた層である。政治学的には右から左まで，また無関心層までバラバラな層ともいえる。グローバリゼーションによる国際競争に負け始めた地域の労働者，たとえばデトロイトの自動車産業の労働者，イギリス南部・北部の衰退しつつある産業の担い手である。彼らは古き良き時代の記憶をもち，強い自国の再興を期待する地方の高齢者たちでもあった。

　重要なことは，「中産層の貧困化」や没落は，グローバル化の競争に負けた結果であって，移民が入ってきたからではない，ということである。地方と低学歴の中間層の没落は，グローバル化によるイノベーションや労働におけるIT化に対応できず，自分たちの職が外から来た移民たちに彼らの職を奪われることに批判的で，投票行動に変化が起こる。旧来の穏健保守やあるいは労働組合によって自分たちを守ってきたような穏健左派に期待できず，勇ましい言葉，「自国ファースト」の言葉に強く影響を受けて，外部に敵を求め，他者を攻撃し，自国を擁護する政党や個人に幻想を託す。

　ポピュリズム，といわれるが，ポピュリズムは本来，大衆迎合，大衆扇動といわれる政党の側からみた用語である。むしろ今みなければならないのは，民衆の側である。なぜピープル（一般市民）が，既成政党を見限り始めたのか，なぜ彼らが自国ファーストを主張するわかりやすいポピュリストに投票するため，いままで投票に行かなかったような人々が投票所に足を運ぶようになった

のか，左派はなぜ見限られたのかなどを深く分析する必要があろう．

　生き残りをかけたグローバリゼーションの競争のなかで，先進国は負け始めている．先進国の中小企業，先進国の下層労働者が，新興国アジアやアフリカの勤勉な労働者，移民に負け始めているのである．それへのケアはできているであろうか．

　21世紀は知の時代でもある．かつては，月20万円を稼ぐ労働者は，アジアやイスラムから来る月5万円の労働者を馬鹿にしてきた．ところがいまや5万円しか稼がないアジアの労働者がSNSやインターネットを駆使し学問を学び，先進国が1,000円で作るものを100円で作ることができる技術をもって先進国全体を脅かしているのである．これがグローバリゼーションの競争と格差，つぶれていく企業で働いていたプア・ホワイト出現の背景にある．

　21世紀は働き学ぶ者が勝ち始める．世界トップ大学100ですでに3分の1をアジアの大学（オセアニア含む）が占めつつある．かつての米欧のリーダーシップは，経済だけでなく知のレベルでも大きく逆転しつつある．それがアメリカや欧州の境界で，移民に対する壁やフェンスが作られ始めている本当の原因である．冗談ではなく，プア・ホワイトは，移民をおそれている．いまや移民は，彼らよりも優秀であり彼らをつぶしていく存在だからである．なすべきことは不安を煽ることではなく，彼らへの職業訓練，時代に即応した知の教育である．

## 4　なぜ「福祉ナショナリズム」が欧州で起こっているのか──包摂から排除へ

　いま1つの重要な問題は，移民および難民の流入により，とくに福祉国家を標榜する西欧・北欧の国々の国民の間に，福祉を移民に提供するのは許せないという，「福祉ナショナリズム」ないし「福祉ショーヴィニズム」が広がっていることである（Crepaz 2007）．

　福祉は，19世紀末期の欧州で，まずは下層労働者や疾病者，貧困者を救うために，いま1つは，労働者階級が翌日からの労働力を養うためにも福利厚生を充実させる必要があるとして始まった．最初は貧窮者救済作業であり，また基本的人権を保障するため，労働者が翌日も勤勉に労働してくれるための救済作業でもあった．福祉の配分はとくに植民地を獲得してそこから富を得た大英帝

国やオランダなどにおいて、急速な発展をみた。その結果いわゆる「ゆりかごから墓場まで」といわれる手厚い福祉政策が発展した。

福祉は資本主義社会において、また富が上流階級に集中している時代においても、キリスト教的な国家における貧窮者および労働者の保護と救済、「貧窮者、労働者の国家への包摂」として始められ、進められた。

そうした「弱者救済のための社会包摂作業」としての福祉が、現在移民や難民の流入の結果、逆に、福祉は自分たちのものだ、ということで

図1-3 移民反対のデモ（チェコ）

出所：© AFP PHOTO / MICHAL CIZEK
Protesters hold banners and Czech national flags during an anti-migrants rally on September 12, 2015 in Prague. A thousand people gathered in central Prague on Saturday to rally for and against immigration at two events held in the same place and at the same time, the police said.

より弱い異質者層を排除する方向で働いているのが、「福祉ナショナリズム」である。

国家経済そのものが縮小していくなか、限られたパイの取り合いになっている。最も人間的な「福祉と安寧」を保障する場が、移民や難民を追い出して「自分たちの福祉」を囲い込もうとする行為に転換し、国内のプア・ホワイトたち、もとは豊かであったはずの地方の労働者や高齢者たちにより、強い連帯と共感をもって排除が実行されている。これが福祉における移民排斥の基礎となっている。こうした状況の克服にこそ、政治家やエスタブリッシュメントはメスを入れなければならない（図1-3）。

## 5　経済と知の時代──アジアの優位か？

その背景には、貧しい地域から来た移民たちのほうが自分たちより優秀になってきている、自分たちは衰退して抜かされるかもしれない、という危機感や反発が根底にある。すなわち、政治的優越感と経済的・知的劣等感がないまぜになった状況である。

2030年前後に，中国がアメリカを追い抜く，その20年後にはインドがアメリカを追い抜くということが，IMF や世界銀行によって算出されるようになってきているなか，もはや中国の GDP は水増しであるとはいえない時代に入っている。また，自国内でもアジアの移民たちは優秀で勤勉であることが，目にみえて明らかになってきている。

最近のアメリカでの教育水準比較のアンケート（SAT2018）では，アジア系がトップ，白人が2位，ヒスパニックが3位，黒人が4位という，日本で行えば人種差別のような統計が出た。興味深いのは，基準が数学と英語力で，いまや数学だけでなく英語力でも白人よりアジア人のほうが平均的に高いという結果だ。勤勉さと初等教育の充実以外の何物でもない。

ハーバードや MIT（マサチューセッツ工科大学），カリフォルニア工科大学という世界トップの大学群でも，近年は中国や韓国，ASEAN 諸国やインドなどアジア系の学生，研究者が活躍するようになってきている。ヨーロッパでは少し遅れているものの，近年アジア研究者との国際会議が爆発的に増えてきている。移民＝劣っている，貧しい，という図式は書き換えられ始めている。移民（ないしその国家）に（実はグローバリゼーションの結果）自分たちの財産や指導力まで脅かされ始めている，という恐怖と拒否反応が，トランプ大統領の支持率を上げ，欧州で右派勢力が政権をとっている背景にある。

「ポピュリズム」＝大衆迎合という以上に，むしろ国民の側が，21世紀のさまざまな課題を解決できない既成政党を見限り，より国民の不安感を理解し扇動している右派に共感して投票する，という「大衆の反逆」的な状況が出てきているといえよう。

## 6 どうすればよいのか──多様性との共存

どうすればよいのか。手立てはある。流れに逆らっても歴史は進む。グローバル化の進展のなかで，欧米近代は，ゆっくりと乗り越えられつつある。アジアへの，いや多様性への回帰が始まっている。

アンガス・マディソンの世界統計はご存じだろうか。彼は21世紀に入って中国やアジア諸国が経済的に急成長するなか，2003・07・10年にかけ，当時のメ

第1章 なぜ移民・難民が世界にあふれているのか？

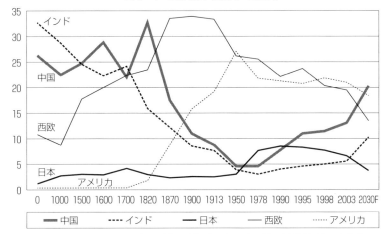

図1-4　世界GDP西暦0～2030年

注：AD 0 年から1800年間はアジアの時代，近代はたった200年。植民地が解放されると中国・インドの成長。
出所：Maddison, Angus, 2001, *The World Economy: A Millennial Perspective*, Organization for Economic; Kawai, Masahiro, 2018, "Will the 21st Century Be an Asian Century? A Global Perspective," in Tomoo Kikuchi and Masaya Sakuragawa eds., *China and Japan in the Global Economy*, Routledge.

ガ・コンピュータを駆使しながら，毎年末にまとめられるGDPの経済統計を，経済力や文明力等をさまざまなかたちでカウントし，西暦0年から2030年まで実に2030年間のGDP統計をはじき出して，世界的に統計経済学のブームを巻き起こした。その数字をグラフにカウントしたのが元ADB研究所所長（本書の第6章執筆者）の河合正弘氏の図である。このグラフをみると，経済数値的にもいかにアジアの時代が長かったのかを知らされて愕然とする。欧米の研究者にとってはなおさらである（図1-4）。

私たちの頭の95％程度は，近代欧米の世界秩序や価値によって占められている。しかしこの統計をみると，欧米近代という輝かしい人類史上最高の欧米列強の時代は高々200年，1820年代の近代化と植民地化以降のことであり，西暦0年から1820年まで実に1800年間は中国とインドというアジアの大国が世界経済の半分を占めていたことが明らかとなる。

マディソンが生きてBCの数百年も検討していれば，さらにアジアの時代は長期化したであろう。いますぐにアジアの時代に回帰するとは思えないが，こ

17

第Ⅰ部　先進国の危機と「自国ファースト」

図1-5　移民受け入れは不可避

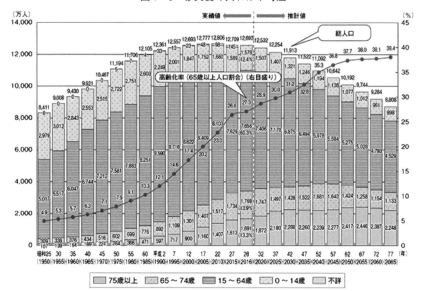

注：1950〜2010年の総数は年齢不詳を含む。高齢化率の算出には分母から年齢不詳を除いている。日本の人口は、2060年には労働力人口半減、65歳以上が40％、2110年には人口の3分の1、2200年に1,000万人（内閣府データ）。排除でなく包摂は、少子高齢化の日本にも現実問題。

出所：2010年までは総務省「国勢調査」、2012年は総務省「人口推計」（平成24年10月1日現在）、2015年以降は国立社会保障・人口問題研究所「日本の将来推計人口（平成24年1月推計）」の出生中位・死亡中位仮定による推計結果。

れから100年後、多様性への回帰が始まるとすれば、1800年続いたアジアの経済力と知力の時代に回帰するともいえる。21世紀の欧米近代の世界秩序の後には何が待っているのだろうか。

　グローバル時代は、国家の垣根を超えて、人の往来、モノ・金・サービスの移動が自由になり、軍事力や植民地化で世界を制覇する欧米の時代が終われば、世界は再び多極化に向かう。グローバル化の流れを止めることはできない。とすれば、国民国家の固い殻を破って、ヒト・モノ・カネ・サービス・情報などあらゆるものが行き交うことに抗うことはできない。

　少子高齢化を迎える日本にとっても、移民問題はもはや避けて通れない。また人口1億2,000万人の日本で、2017年でも難民を20名しか受け入れていないという事実も、国際政治学者としては申し訳ない気持ちをもって受け止めざるをえない。トルコは7,000万人の人口規模で、300万人の移民を受け入れ対応し

ている。それを先進国が独裁政権と批判し続けることにも，違和感を覚える。

2060年，いまからおよそ40年後，日本の労働人口は半減する。単純計算すればGDPがほぼ半分になるということである。他方65歳以上の人口が38％，約4割を占める。年金や財政も破綻に向かう。40年後は，いま20歳の若者が60歳になる時である。だからこそ，若者は自分のリアルな将来を含め，いま何を考え何を行っていくべきかを考える必要がある。

優秀な移民を受け入れ，アジアの安定と発展をリードし，難民をせめて国際機関が要請するレベルまで引き上げ，対応していくためにも，もっと日本が，政府，企業のみならず，市民・若者が深い関心をもって移民・難民問題に対処していくべきではないだろうか（図1-5）。それはおそらく，21世紀の最大の課題の1つであり，いま起こっている種々の問題の背景にひそむ現象であるからである。

### ディスカッション

① 移民問題，難民問題は，私たちの生活とも，国際社会のあり方とも大きく関わっている。あなたは移民・難民を受け入れることについて，どう思うか。どのような問題があるか，負の問題点，正の面を，それぞれ最低3点ずつあげながら，日本や世界が移民・難民に対してどうしていくことが必要なのかを考えてみよう。

② グローバリゼーションのなかで，中産層の貧困化，「福祉ナショナリズム」が先進国で起こってきている。その一方で途上国，とくにアジアやアフリカでは急速に貧困からの脱却や中産層の拡大が起こっているという逆現象がある。21世紀の遅くない時期に，貧困問題は解決されるのではないかというデータもある。後者を促進しつつ，前者の問題を解決していくためには，どのような両者の歩み寄りが必要であると考えるか。あなたなりの意見を整理し，友人や家族と議論してみよう。

### 参考文献

ヴィヴィオルカ，ミシェル，2009，宮島喬・森千香子訳『差異——アイデンティティと文化の政治学』法政大学出版局.
西日本新聞社編，2017，『新 移民時代——外国人労働者と共に生きる社会へ』明石書店.
羽場久美子，2016，『ヨーロッパの分断と統合 拡大EUのナショナリズムと境界線——包摂か排除か』中央公論新社.
ボージャス，ジョージ，2017，岩本正明訳『移民の政治経済学』白水社.
Crepaz, Markus M. L., 2007, *Trust Beyond Borders: Immigration, the Welfare State, and Identity in Modern Societies* (Contemporary Political and Social Issues), University of Michigan Press.

【羽場久美子】

# 第2章 イギリスはなぜEUからの離脱を選択したのか？

　EUからの離脱というイギリス世論の判断はなぜ生じたのであろうか。長年，同国では保守政界を中心にEUへの厳しい見方が存在してきた。2016年の国民投票はこれが「民意」としても確認されたところが注目される。しかしこの民意の背景にあるのは，必ずしもEUそのものに対する否定的な見方ではない。そして，これは2007〜08年の金融危機後のイギリス政治において，「予想外」とされる有権者の選択が連続的に生じてきたこととも無関係ではない。

　そこには，いずれも経済的な格差にもとづく不満を背景とする有権者の政治からの疎外感と政治・経済エリートに対する不信がある。イギリスの政党政治はこの状況に対応できていないばかりか，むしろ無自覚であり，それゆえ事態を自ら悪化させている。国民投票の実施は，有権者の経済的な不満を噴出させただけでなく，EUに対する姿勢という，それとは別の論争的な争点を不用意に表面化させることとなった。

## 1　序論──2010年代のイギリス政治

　近年イギリス政治で「予想外」の事態が相次いでいる。とくに2016年のEUからの離脱を問う国民投票の衝撃は大きかった。世論は「離脱」1,700万票と「残留」1,600万票に二分され，残留を自明視して投票の実施を決断した政府は，「意に沿わない現状変更」を有権者から迫られることとなった。イギリスの全国や地域単位の住民投票で初めての事態となる。

　この国民投票で重要なのは，離脱票の多くがEUへの反感にもとづいたものではなかったことである。結果は政治・経済のリーダー層に対する「有権者の

表2-1　イギリスの有権者による主要な選択（2010年代）

| | 焦点 | 事前の予想 | 「予想外」 |
|---|---|---|---|
| 2010年総選挙 | 13年ぶりの保守党政権か | 保守党が過半数確保 | 第二次世界大戦後初の連立政権 |
| 2014年住民投票（スコットランド） | イギリスからの独立が選択されるか | イギリス残留が多数 | 結果は残留多数となるも，最終盤に接戦 |
| 2015年総選挙 | 連立与党で過半数を確保できるか | 少数政権の可能性 | 保守党が単独過半数 |
| 2016年国民投票 | EUからの離脱が選択されるか | EU残留支持が多数 | EU離脱支持が多数 |
| 2017年総選挙 | 労働党がどこまで議席を減らすか | 保守党の圧勝 | 保守党過半数割れ，少数政権 |

出所：筆者作成。

反乱」との性格をもったものであった。その点で，「予想外」というのは一方の側，いわば「エリート」の側の視点である。エリートに対する批判とイギリス社会の分断が過熱しながら進んでいる。

　何がイギリスの有権者をEU離脱という決断へと駆り立てたのか。本章ではイギリスの有権者による，2007～08年の金融危機後における5つの政治選択を順に取り上げ，2010年代のイギリス政治に何が起きているかを考える（表2-1）。

## 2　連立政権の誕生（2010年）

### (1) なぜ過半数を制する党が生じなかったのか

　2010年5月6日実施の総選挙（下院議会選挙）では，1974年2月の総選挙以来36年ぶりにいずれの党も議席の過半数を獲得できなかった。

　この選挙では，イギリスの場合，2007年に始まった金融危機を背景として，雇用や福祉の拡充ではなく歳出削減が争点となった。景気後退による法人税収入の減少などで財政赤字がGDP比で10%を超えるなか（2009／10年度），野党の保守党は早期の財政健全化を掲げ厳しい歳出の削減を主張，一方，与党の労働党は景気に配慮したやや穏やかな財政再建を主張した。

　先立つ2年間の各種選挙はこの総選挙での政権交代を予示していた。これに

は1997年から続いていた労働党長期政権への飽きが大きい。最初10年間のブレア政権については，イラク戦争開戦時の情報操作疑惑や大都市・サービス業中心の経済政策について批判があった。また，後継のブラウン政権にも，金融危機の銀行救済に公的資金が投入されると世論の不満が噴出した。

　しかし総選挙の結果は保守党にとっても期待外れであった。第1党の座は奪回したものの，過半数の議席に届かなかったのである。イラク開戦をめぐる批判は政治一般への不信へと拡大しており，これは保守党にも弱みであった。同党には1970年代以降，既得権益寄りで，ナショナリズムの強い，「嫌らしい政党」(メイ幹事長＝現首相の弁) とのイメージが染みついており，この印象は1997年に野党に転じてからも変わっていなかった。政権奪回には，ブレア労働党に奪われた中間層の信頼回復が課題であった。

　このため，2005年総選挙の敗北後に発足した保守党のキャメロン執行部は，この層を念頭に同党の穏健化をアピールしていた。環境保護の重視や緑色が基調の党シンボルの採用，サッチャーが否定した「社会」の役割を評価する「大きな社会」スローガン，議員候補への人種・民族マイノリティ登用の推進などである。

　しかしその試みは厳しい歳出削減の主張で崩れた。財界・金融界寄りとのイメージを覆せず，与党労働党への批判票は自民党や地域政党といった小勢力に流れたのである。

**（2）なぜ保守・自民の連立となったか**

　第1党が過半数を割ったことにより，憲法上の手続き問題が生じた。イギリスには日本の首相指名選挙にあたる議会手続きがなく，首相に対する議会の信任の存在が明示的には確認されない。逆に，議会の信任の欠如が明示的に確認されない限り，首相はその職にとどまりうる。議会の過半数を制した勢力がない選挙後の状況で，現職のブラウンは首相職の継続に意欲をみせ，比較第1党党首のキャメロンと議会の信任を争う事態となった。

　鍵を握ったのは第3党となった自民党である。選挙の翌朝，大勢が判明し，同党の姿勢が注目されるなか，党首のクレッグは第1党との政権交渉を優先する考えを示す。

しかし同党の選挙区組織は保守党への協力に難色を示した。選挙区では労働党よりも保守党との対決が多い。また1990年代に入ってからは，党内の中道・左派の歴代党首の下で，政策的に近い労働党と総選挙での選挙協力も行っていた。

これに対し，2007年に党首となったクレッグは銀行家の子弟で，ケンブリッジ大学に進んだ国際派であり，考え方も保守党寄りと，10近く年の離れたたたき上げの弁護士のブラウンよりも，同世代の保守党キャメロンとの相性がよかった。

自民党は労働党とも会合をもったものの，最終的に保守党との連立を選択し，第二次世界大戦後初めての正式な連立政権が，選挙から5日かかって誕生した。自民党は副首相のクレッグ以下，5人を内閣に送りこんだ。しかしこの選択は，反保守党としての自民党を支持してきた中間層の支持を激減させ，以後のイギリス政治を混乱させていくことになる。

## 3　スコットランド住民投票 (2014年)

### (1) なぜ住民投票は接戦となったか

北部のスコットランド地方では2014年9月18日にイギリスからの独立を問う住民投票が行われた。85％という驚異的な投票率のもと，独立反対が55％と賛成の45％を上回った。

当初は反対票が大差で上回るとの予想から，この住民投票への全国の関心は高くなかった。しかし最後の10日に波乱が生じた。9月7日に公表された世論調査で「賛成」が2ポイントリードしたのである (*The Sunday Times*, 9月2〜5日調査)。スコットランド自治政府与党のスコットランド国民党 (SNP) が主張する急進的な政策の影響，とくに非核化がもたらすイギリスの安全保障の問題は突如現実味を帯び，世界がスコットランドに注目し始めた。

運動は，一方にスコットランド独立を党是とする地域政党の SNP，他方に保守党，労働党，自民党など主要な全国政党との構図のなか展開されてきたが，後者の陣営はこの10日間に，スコットランド選出のブラウン前首相を前面に立て，結束して巻き返しを図った。金融界も独立後のスコットランド財政への懸

念を示した。この一連の，いわゆる「恐怖作戦」では年金への影響が決め手になったとされる。高齢者の危惧が他の要素を上回った。

　スコットランドの独立世論の背景には，イギリス内の他地域との経済格差への意識，そして，それに起因する政治・経済の中心地ロンドンに対する不信がある。ただスコットランドの所得水準はイギリス内でも中位で，全体としては貧しい地域ではない。

　この点で住民投票がスコットランド内の地域差を露わにしたことは注目される。独立賛成票は経済不振の深刻な自治体で多かった。大半で反対が上回るなか，グラスゴー周辺やダンディーなど鉱工業地帯の4自治体のみ独立賛成が上回った。エジンバラやアバディーンといった金融サービスや石油産業が発達した国際都市での反対票の多さとは対照的である。

　このように住民投票は，地域経済の現状に対する有権者の不満が噴出する場となった。これはとくに労働党に深刻な事態をもたらした。独立反対という党の方針と，重要な支持基盤である鉱工業都市の有権者の意向が乖離することとなったのである。

### （2）なぜ住民投票は実施されたのか

　イギリスの一部としてのスコットランドは，1707年にスコットランドとイングランドという2つの独立国が議会を合同し，連合王国としてのイギリスを形成したことに始まる。

　独立の主張ではこの歴史も引かれるが，実体的には20世紀とくにその中葉以降の地域経済の不振が重要である。隣接のイングランド北部同様，かつての基幹産業である造船，製鉄，石炭業の衰退が深刻であり，経済再生に適切な地理的サイズの統治機構を求める声が生じたのである。

　現在に直接つながる動きは1992年の総選挙がらみで生じている。保守党政権の地方税改革が直前にスコットランドで大きな反発を招いた事態を受け，労働党は地盤の都市部で支持を拡大すべく，スコットランドへの自治権限をもつ議会の設立を公約したのである。

　第1段階は，1997年に成立した労働党政権の下での分権の実施である。ほぼ300年ぶりに「スコットランド議会」が地域議会として設置され，一定の権限

が委譲された自治政府が実現した。第2段階はスコットランド議会を足がかりとしたSNPの躍進である。同党は2007年に比較第一党となり自治政府で政権を獲得（少数政権），続く2011年選挙では単独過半数を獲得する。独立を問う住民投票を公約に掲げた同党の勝利で，住民投票はスコットランドの「民意」として，中央政府のキャメロン首相も実施を是認することとなった。首相は「残留」を自明視しており，ガス抜きによる問題決着をイメージしていた。

しかし住民投票は予想外の注目を浴び，その結果，独立争点はスコットランド政治の有力な対立軸として残ることになった。SNPは翌2015年の総選挙で驚異的な結果を収める。

## 4 保守党単独政権（2015年）

### （1）なぜ少数政権が予想されたか

任期満了に伴い行われた2015年5月7日の総選挙では，与党保守党が331議席を獲得し（定数650），1996年以来，19年ぶりに下院での議席過半数を回復，単独政権を発足させた。

直前の世論調査では，保守党の第1党は揺るがないものの，多くても300議席とみられ，連立パートナーの自民党を加えても過半数は厳しいとして，2010年に続く組閣の混乱が懸念されていた。これは保守党の不人気が依然解消されていなかったことによる。与党として進めた緊縮財政への反発も強かった。2010年時点では，2015年の総選挙前までに緊縮策は緩和される見通しであった。しかし緩和は遅れており，世論に不満が溜まっていた。さらに同党には金融界や大都市の高所得層寄りとのイメージも付きまとい，閣僚にも，ロンドン中心の高級住宅地に住み，有権者が嫌うエリート臭を漂わせる者が散見された。

そのなか，この選挙の特徴は，歳出削減が2010年と同様に争点となり，しかもその間，主要政党間の政策距離がこの軸上で拡大していたことにある。金融市場の反応をうかがい財政規律を重視する保守党に対し，スコットランドのSNPは同じく地域政党のウェールズ党，環境政党のグリーンとともに，反保守党としての「進歩派の連合」を提唱，緊縮策の継続に反対する立場から労働

党に秋波を送っていた。

　2010年総選挙後に党首が労働組合寄りのデービッド・ミリバンドに交代していた労働党は，SNPらの動きと一線を画したものの，政策的には保守党より景気や社会保障を重視する公約を示し，選挙戦ではこれを「ばらまき」とみるメディア・財界から攻撃を受けることとなった。また政策距離拡大のあおりを受けて党内の論争も先鋭化し，党の一体性を示すのが難しくなっていた。また自民党も，保守党と連立を組んだことで一部の支持者からの信認を失っており，クレッグ党首の保守党協調路線をめぐり党内の対立が激しくなっていた。

## （2）なぜ保守党は過半数を確保したか

　結果は保守党の過半数回復となったが，これは保守党の勝利というより，一義的には労働党の敗北と解釈するのがよかろう。同党の得票が予想されていたより伸びなかったのである。保守党の得票率は予想より少し高い36％台となり，他方，33％程度が予想されていた労働党は30％台にとどまった。この結果，イングランド中部のミッドランズ地方などに多い両党の接戦区で，労働党は想定以上に保守党に競り負けた。1票でも多く獲得した候補が議席を獲得するという1人区単純多数決制ゆえの結果である。

　得票の伸び悩みは，躍進の著しい連合王国独立党（UKIP）にイングランド北部から中部の労働者・公共部門職員の支持を奪われたことによる。さらにスコットランドでは，SNPの躍進の前に，同地域での獲得議席はわずか1との惨敗を喫した。かつての金城湯池における壊滅的な打撃により，近い将来，国政で労働党が単独政権を担うことは困難となった。

　全国的にみると，SNPの非保守党政権へのこだわりも労働党の足を引っ張ったと考えられる。SNPはスコットランドでは支持率が一時5割を超えた。しかし労働党への執拗な呼びかけに対しては，イングランドで，スコットランドからの介入として有権者の反発を買ったことは想像に難くない。

　一方，保守党は，連立政権に入り勢いを失った自民党に，イングランド南西部など南部の同党との接戦区で圧勝した。保守党は，歳出削減への反発はあるものの，全体として経済政策に目立った失敗はなく，経済を安定的に維持したことが，支持層を南部で着実に固める結果となったのである。

またスコットランドの59議席中56で SNP が勝利したことにより，イギリスの選挙地図は南北の二分から，スコットランドを別パターンとする三分へと分割を深刻化させた。

## 5　EU 国民投票（2016年）

### （1）なぜ離脱票が上回ったか

　2016年 6 月23日の EU 国民投票では，スコットランド住民投票での波乱を教訓に，主要政党の幹部や財界，EU 機構，国際機関が 4 月上旬の運動開始から積極的に介入した。論点は経済への悪影響である。これには，首相をはじめとして残留の必要性を自明視する「エリート」の露骨な「恐怖作戦」との批判も世論にあったが，その物量は圧倒的であった。

　この風向きが一変したのは 5 月下旬である。入管統計がイギリスへの人の流入が引き続き高水準であることを示すと，論点は「移民の規制」へと変化した。また，ロンドン以外では離脱支持が優勢との見方も伝わり，投票日直前には**離脱支持がリードする世論調査も現れた**。とはいえ全国メディアの全体的な雰囲気は，これらの情報に不安を覚えつつも，当日まで，現状維持，すなわち残留支持の勝利を期待を込めて当然視するものであった。

　それゆえに結果の衝撃は凄まじいものであった。ポンドの急落，キャメロン首相辞任，続いて野党労働党での党首不信任と，この国民投票はイギリス政治史上の大事件となった。

　事後の分析は，教育歴による意識の差（教育歴が高い層ほど残留が多い）が大きかったことを指摘する。しかし直後の注目は，残留志向のロンドンと離脱志向のロンドン以外，残留志向の若年層と離脱志向の中高齢層という対比であった。とくに若年層の投票率がかなり低かったことは，結果を受け入れられない層の「後悔」と脚色されメディアで繰り返された。

　一方，この国民投票で最も重要なのは，離脱票の多くが EU 域内の「移民」や EU そのものへの積極的な反感ではなかったことであろう。イギリスで EU への関心はもともと高くない。この点で結果を左右したのは，ここでもロンドンの政治・経済エリートへの不信である。「予想外」を演出した主役は，地方

の，いわゆる「（経済的に）放置された人々」であった。とくに北部の衰退都市の労働者をイメージするのがよかろう。スコットランド住民投票でグラスゴー近辺において独立に票を投じたのと同じ層である。これらの人々は積極的に反EUではない。国民投票との千載一遇の機会を利用し，現状への不満を示した。

## （2）なぜ国民投票は実施されたのか

　イギリスはもともとECに後発で加盟したように，その原加盟国とは欧州統合の展望に違いがある。イギリスの統合イメージは市場統合であり，政治統合には違和感をもってきた。この差は1990年代に独仏主導で統合の性格が変化すると無視できないものとなった。

　市場統合を超えた展開——社会政策の調和，通貨統合，憲法条約構想など——に対し，イギリスの歴代政府は集権制を強めるEU機構のあり方に疑問をもちつつも，EUのなかから見直しを図る立場をとってきた。他方，イギリス議会では統合に批判的な勢力から国民投票での意思確認が折に触れ主張されてきた。「EU」はイギリス政治最大の潜在的争点であった。

　EUでの政治統合の推進とそれに懐疑的なイギリス国内の動きが相まって，2000年代に入り，イギリス政界での欧州「懐疑」派の目標はEUの改革からEU離脱へと変化した。その急先鋒として浮上したのはUKIPである。同党は人脈的に保守党に負うところが大きく，小選挙区制の下院でこそ議席の獲得に至らないものの，2010年の総選挙後は下院の補選や地方議会選挙で保守党の支持層を切り崩す例がみられるようになった。

　2013年にキャメロン首相が次回総選挙後の国民投票を表明したのは，これによって保守党内に生じた動揺を，議会の審議ではなくトップのリーダーシップによって突破するねらいがあったと考えてよい。実際に総選挙後の動きは早かった。任期折り返しの2017年後半実施の観測が流れるなか，総選挙直後から各国首脳と折衝を進め，選挙半年後の11月にEU首脳会議の2月開催を合意した時点で，「2016年6月23日」との日付は事実上確定した。

　結果からみても，このスピードはリーダーシップを過信したキャメロンの「拙速」であった。同氏は即座に首相を辞任した。国民投票で示された熱気は世論に修復困難な対立を残し，とくに結果に承服できない都市部の残留支持者

は，国民投票の「決定」としての有効性を疑問視し，残留に向けた運動を以後も活発に展開することとなった。

## 6 保守党少数政権 (2017年)

### (1) なぜ保守党は議席を減らしたのか

「予想外」は以後も続いた。2017年6月8日の総選挙である。その実施も唐突であったが，結果も解散時には予想されないものとなった。

まず，この選挙は下院自らによる解散によって実施された点が珍しい。イギリスでは2010年の連立合意での自民党の意向に従い，首相の議会解散権限が廃止された。下院は原則として解散なしの5年固定任期となったが，例外の1つに下院自らの議決による解散が規定された。要件は定数の3分の2であるため，与野党が合意すれば可決は難しくない。

メイ首相は，EU離脱という目先の課題を優先するとの理由から，就任当初の高い支持率のなかでも，早期の解散を再三否定してきた。それがイースター休暇明けの4月半ばに突然，下院に解散を問うことを表明，これを受け，下院は自主解散を議決した。

選挙結果も異例である。解散前，与党保守党の支持率はメイ首相のEUに対する強気の離脱姿勢を好感して4割を超え，党内に混乱を抱えた労働党との差は20ポイント近くあった。保守党の大勝と労働党の歴史的大敗がささやかれていた。しかし解散後，差は急速に縮まり，投票前になると，保守党の大勝はないとの見方が支配的となった。そして結果は，保守党が議席を減らし，過半数を割りこんだのである。メイは北アイルランドの政党から閣外協力を取りつけ，辛くも政権を守った。総選挙直後の少数政権は1974年3月以来である。

この選挙で，保守党は前回2015年を上回る42%台の得票率を記録した。しかし1人区単純多数決制での議席数は，自らの得票率より競争政党との得票率差に負うところが大きい。労働党の得票率も39%台に達し，両党の差は前回の6.5ポイントから2.3ポイントに縮小した。保守党にとり，議席は減らしたが支持は伸ばすという政治的評価の難しい結果が出たのである。

ポイントは労働党の追い上げであった。注目点は2つある。労働党の伸長自

体はEU離脱に反対する有権者の戦略投票によって生じた。この影響が明瞭なのは残留志向の強いロンドンとその周辺地域である。残留支持者によるメイ政権への反対票が野党第1党である労働党に集中した。ひと月前の5月初めに行われた統一地方選では，保守党が全国でEU離脱支持者の票を集め躍進しており，その再現を残留支持者が警戒したのである。

　保守党の自滅もあった。在宅ケアの自己負担に関する公約が高齢者に苦境を強いるとの批判を受け，釈明に追われたのである。メイは幹事長時代同様，保守党の「嫌らしい政党」イメージの払拭をめざし，格差の是正に真剣な姿勢を強調してきた。しかしその試みは水泡に帰した。本来の支持基盤である高齢者の離反で，EU離脱支持者の票を独占するという当初の期待は崩れたのである。この要素はイングランド中部・北部で保守党の伸び悩みをもたらした。

## （2）なぜ突然の総選挙となったのか

　否定していた総選挙にメイ首相が打って出た理由も憲法絡みである。同一政党からの2人目の首相は前任者の政策の負債を受け継ぐことが多く，御祝儀期間が過ぎると，支持は低迷しがちである。とくにメイ首相は，受け継いだ保守党の下院議席が過半数を6上回るだけで，一般には与党不利とされる補選が続けば，将来過半数を割ることが予想された。

　2017年に入っての状況は，労働党との支持率の差がまだ拡大基調にあった。2月にコープランドというイングランド北部の労働党の牙城で行われた下院補選での勝利は，与党の補選における35年ぶりの野党からの議席奪取であり，保守党の歴史的な勢いを強く印象づけた。

　メイ首相は早期の総選挙を仕掛けてもおかしくなかった。それを妨げる要素があるとすれば，EU離脱関連である。再三にわたる総選挙実施の否定は，国民投票の結論は見直さないとの強い意思を，内外に示すねらいがあったろう。

　その姿勢を変えさせたのは，さかのぼって1月に，最高裁が示した判断と考えられる。国民投票の「民意」をめぐる世論の対立は法廷にも持ち込まれ，内閣によるEUへの離脱通告に議会承認は必要かとの論争を提起していた。これについて最高裁は，「必要」との判断を示したのである。この判断で，内閣はEUとの今後の交渉で議会の意向を無視することが難しくなった。野党との議

席差を拡大しておく必要性が増したのである。選挙実施の公表は，この判断を受けた議会審議を経て，3月末にEUへの離脱通告を済ませた後となった。

## 7　結論──エリートの過信と政治疎外

近年のイギリス政治では「○○年ぶり」と形容される事態が目立つ。比喩的にいえば，政治の「振り幅」が拡大している。憲法の規定が問われる事態が増えているのもそのためであろう。EU国民投票も，EUそのものより，構造的な要因にもとづく有権者の不満がたまたま国民投票の実施で発現したと考えるべきであろう。イギリス政治は変動期にある。

何が起きているのか。第1に指摘できるのは，1980年代以降の大都市・金融サービス業中心の経済モデルへの批判である。また，そのモデルのもと拡大している社会や地域の格差に無関心な政治・経済エリート層にも批判が生じている。そのうえで第2に，金融危機後の緊縮財政に対する不満である。危機をもたらしたと世論がみている金融界とそれを不問に付している政治を前に，世論の不満に火がついた。

有権者からすればたまたま実施された，他方，エリートからすればガス抜きで実施した2つの住民投票は，この不満に格好の表出の場を与えた。賛否二択のなかで世論は不必要に分断され，以後，揮発性をもってしまった。政治は調整でなく対立をもたらしたのである。

主要政党は自らの過信で悪化させたこの混乱に対処できず，政治から疎外された有権者の敵意の対象となっている。保守党は都市中間層の支持奪回をねらったイメージチェンジの機会を，歳出削減の強行で自ら捨て去った。若年層から敬遠された同党は支持基盤を世代の進行とともに縮小させている。労働党では，2017年総選挙での驚異的な追い上げで，コービン党首への評価が高まった。しかし党の支持層は，コービン支持の中核である選挙区活動家や学生，経済政策でブレアを支持した都市中間層，鉱工業都市の「取り残された人々」に三分されている。いずれの党も再生には，世論への応答性をあらためて構築すべきであるが，そのカギとなる選挙区組織は揮発性の高い政治のなかでむしろ弱体化している。

他方，有権者の間ではEU離脱が経済と並ぶ争点に浮上している。2017年総選挙ではこの争点による社会の分断の兆候が表れた。2つの争点それぞれの分断線は重ならず，有権者の支持の細分が進んでいる。この傾向を逆転させることはできるのであろうか。世論の親EU派と反EU派は格差の問題で協力できるのであろうか。イギリス政治の課題である。

### ディスカッション
① 国民投票でEUからの離脱が多数を占めた理由はどのように整理できるであろうか。

### 参考文献
梅川正美・阪野智一・力久昌幸編，2014，『現代イギリス政治 第2版』成文堂．
梅川正美・阪野智一・力久昌幸編，2016，『イギリス現代政治史 第2版』ミネルヴァ書房．

【若松邦弘】

# 第3章　アメリカ・ファーストの世界とは？

　2016年のアメリカ大統領選挙は，まったく政治的経験のない大統領を生んで世界を驚かせた。「アメリカ・ファースト」を掲げて自国の利益を引き出そうとするトランプは，アメリカの誰の利益を代表して選出されたのだろうか。また，圧倒的に有利であるといわれていたクリントン元国務長官は，なぜ有権者の支持を確保できなかったのだろうか。

　本章では，グローバル化を先導し，自国の利益に沿って国際政治を動かしていたと思われたアメリカ社会の裏側に，まさにそのグローバル化の波から取り残されて，トランプ大統領誕生に貢献したもう1つのアメリカが存在していたことに光を当てる。敵を作り上げることで支持を広めたトランプの手法は，アメリカがめざしてきた多文化共生に逆行するもので，社会に分断をもたらす結果にもつながった。国際社会に大きな影響を及ぼすアメリカ・ファーストを支えている，内なる対立の歴史的，社会的な背景について考察する。

## 1　トランプ大統領の選出

　2016年のアメリカ大統領選挙の展開は世界を驚きで包んだ。政治のまったくの素人であるドナルド・トランプが，共和党の予備選挙において他の候補を引き離し，大統領候補となったことだけでも意外な展開だった。他方の民主党は，2008年の予備選挙でオバマ大統領に敗れたヒラリー・クリントンが，今回は万全の体制で臨み，圧倒的な力で当選すると予測されていた。しかし，予備選挙で弱者の利害を掲げるバーニー・サンダース上院議員から苦戦を強いられ，力を削がれた。

図3-1　2016年大統領選挙で共和党が獲得した州

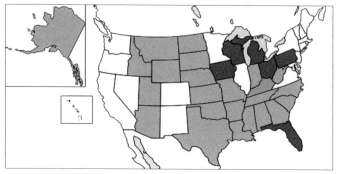

注：濃色が前回の民主党支持から今回の共和党支持に移行した州。
出所：ニューヨーク・タイムズ紙より筆者作成。

　二大政党制をとるアメリカでは，20世紀の後半から両党がほぼ交互に大統領の座を占めてきた。この流れからは，二期8年の任期が終わるオバマ大統領の後は，共和党のほうが有利に選挙戦を戦えるはずであった。しかし，「オバマ大統領の3期目」と批判されながらも，拡大するマイノリティの人口を後ろ盾とし，資金面でも勢いを保つクリントン候補を前に，多くの共和党政治家は今回の選挙に全力を投入するのではなく，2020年選挙を真の目標としていたところもあった。

　民主党予備選挙を辛勝したクリントンは，本選挙では予想どおりマイノリティの多い都市部で票を伸ばし，民主党の基盤となる「青い」州での優勢を保ったことで，総得票数ではトランプを上回った。しかし共和党が強い「赤い」州を失うだけではなく，選挙ごとに両党の間で揺れ動きをみせる「紫の」州までもトランプに奪われる展開となった（図3-1）。大統領選挙の結果は，総得票数ではなく州ごとに割り当てられた選挙人の票数で決まるため，非都市部の支持を集めることで，一般投票以上に選挙人数を獲得したトランプが，最終的に大統領の座に就くこととなった。

　トランプの選挙戦は，共和党の予備選挙においても，クリントンとの本選挙においても，既存の政治家像を批判の的とし，現状の政治に不満をもつ人々からの支持を集めるかたちで票数を伸ばしていった。紫の州でトランプの勝利に貢献したのは，グローバル化が進むアメリカで社会の片隅に追いやられた人々

であった。トランプの選挙手法に乗せられることにより、誰かを敵として攻撃することで自分たちの安寧が守られるのではないかという心の壁が人々の間に築かれた。トランプの壁は、アメリカとメキシコを隔絶するだけでなく、このようにアメリカ社会の内側にも浸透していくこととなった。

「アメリカ・ファースト」を掲げるトランプは、国際社会において何よりもアメリカの利益を追求する姿勢を示しているが、その「アメリカ」をどのように定義するのかについては明確に示していない。移民を受け入れながら歩んできたアメリカは、コインに刻まれた「多様性の中の統一（E Pluribus Unum）」という言葉が象徴する多元的な社会である。近年この言葉は、1つの核に収斂されるかたちでの統一ではなく、異なるものが対等に尊重されるかたちでの統一を意味するようになっていた。肌の色、言語、宗教などにより、国内の異なるものを排除しようとするトランプは、アメリカ社会のこれまでの歩みを覆すものであった。このように、アメリカ社会の内側で生じているアメリカとは何かをめぐる確執は、国際社会において従来アメリカが追求してきた価値の転換を通して、国際的にも大きな打撃を与えている。

本章では、アメリカの国際社会での行動の土台となっている、今日のアメリカ国内の課題とそれへの対応を考察するなかから、トランプ政権の特徴について確認してみたい。

## 2　ヒルビリーの物語

20世紀末のグローバル化の波は冷戦の終結と重なり合って世界を覆ったが、急速なグローバル化が可能であったのは、第二次世界大戦後にアメリカが中心となってリベラル民主主義に根差す国際秩序を敷設していたためである。リベラルな国際秩序の中心的な組織である国際通貨基金と世界銀行は、アメリカの首都ワシントンの、しかも財務省のすぐ近くに本部を置いているだけでなく、世界銀行の頭取はアメリカ人が歴任してきた。まさに、ワシントン・コンセンサスと称される市場原理に則って展開したグローバル化は、アメリカの利害と一致するものと思われてきた。

そのアメリカにおいて、2016年大統領選挙の両党の候補者がグローバル化を

厳しく批判したことは，国際社会の注目を浴びた。しかし，アメリカ国内に目を向けてみると，必ずしもすべてのアメリカ人がグローバル化の恩恵を受けてきたわけではないことが明らかになる。グローバル化は，アメリカが比較優位をもつ分野では国内で利益を生み続け，雇用も拡大させたものの，国際競争の前に敗退した分野では生産の場を国外に移動せざるをえず，多くの失業者を生む結果となっていた。

　たとえば，19世紀末からアメリカの急速な経済成長を遂げる要の1つを成したのが鉄鋼業で，中心となった五大湖工業地帯ではさらに自動車産業が発達していった。そこでは，熟練労働者を核とした強い職能労働組合に支えられて，人々は家と車をもち，高い賃金での安定した生活を手にするというアメリカン・ドリームを実現していた。しかし，21世紀のアメリカにおいて，こうしたアメリカン・ドリームはすでに過去のものとなっている。機械化が労働者の中枢を占めてきた熟練労働者の技能に置き替わると，労働市場の中央部に空洞化が生じた。その空洞を挟む一方の極では頭脳部分を操る高度人材が高い所得階層を形成した。もう一方の極では，移民労働者を含めた安価な単純労働者に対する需要が労働市場を占め，アメリカ生まれの伝統的な工場労働者の待遇が引き下げられていった。

　もっとも，アメリカの製造業の繁栄の陰りはすでに20世紀に始まっていた。たとえば，ジャパン・アズ・ナンバーワンと称された日本が，高水準の製品をより安くアメリカ市場に提供するようになったことは，アメリカ産業にとって外からの挑戦となった。自動車を例にあげると，伝統的に労働者の利害代表を自任してきた民主党は，完成品に占めるアメリカ国産部品の下限を規定することで，自動車関連産業とその労働者を守ろうとするローカル・コンテント法案を推し進めた。その立法化は避けられたものの，保護主義の壁の再来に備えて，日本企業はアメリカでの現地生産に移行することで非関税障壁を回避しようとした。その結果，アメリカ人労働者の雇用はある程度確保されたものの，アメリカの自動車産業そのものは「米国産」の日本車という新たな競争に晒されることになった。

　こうした競争に拍車をかけたのが，1994年に発効した北米自由貿易圏協定（NAFTA）であった。これは共和党のブッシュ（父）政権が交渉を開始し，1992

年末に署名に至っていたものを，続く民主党のビル・クリントン大統領が，民主党議員の反対のなか，共和党議員の賛成を取り込むことで前進させたものである。NAFTA が国境を越えた経済圏を作ることにより，北米 3 か国の間でヒトやモノの移動の制約を緩めると，生産の場そのもののアメリカから国外への移転が促進された。なかでも，賃金が安く，工場の設置基準も緩やかなメキシコへと，アメリカ企業だけでなく日本企業も工場を進出させ，そこで製造した製品を NAFTA の域内貿易としてアメリカ市場へと還元させるようになった。トランプ大統領が NAFTA をアメリカの利害に反すると攻撃し，再交渉へともち込んだ背景には，失った生産の場を取り戻したい国内産業の期待があった。

　こうして多くの企業が競争力を求めて国外に移転するなかで，アメリカ国内に残った産業は明確に二分化されていった。1 つはアメリカが世界に誇る先端技術の分野である。情報・通信技術（IT）産業をはじめとし，高学歴・高所得の労働者が国籍に関係なく，まさにグローバルな市場からアメリカ企業へと吸収されていった。もう 1 つは，現場が固定される建設業や鉱業，あるいは対人的なサービスである医療，福祉，小売り，飲食業などの分野であった。こうしたアメリカを離れることができない分野では，切り詰めうるコストは人件費となり，安い賃金で雇える非正規労働者や移民労働者，さらには非合法移民が，アメリカ生まれの正規労働者に置き替わることとなった。そのため，移民労働者と近接する賃金体系に属する労働者，すなわち高等教育を受けていないアメリカ人非熟練労働者は，彼らと職を奪い合う関係に置かれることとなった。

　こうした競合に直面した労働組合の対応は多様であった。サービス業を包括する最大の労働組合である SEIU（サービス従業員国際労働組合）は，グローバル化当初は賃金体系の似通った移民労働者を排除することで，組合労働者の権利を守ろうと闘っていた。しかし，移民労働者の待遇悪化は自分たちの労働条件の引き下げにもつながるおそれがあり，移民労働者を排除ではなく包摂するかたちで労働運動を展開すべきだという方針へと転換した。加えて，組合員である移民労働者の家族や友人のなかには非合法滞在者も多かったため，今日の SEIU は非合法滞在者をも組合員に組み入れ，包括的に移民労働者の権利を守ろうとしている。

　アメリカの成長の中心にあった製造業の熟練労働者らの声が強いアメリカ労

働総同盟・産業別組合会議（AFL‐CIO）は，今日では多言語で労働者の権利を守る手助けをしているものの，長らくアメリカ生まれの労働者と競合する移民労働者を敵視してきた。たとえば，ブッシュ（息子）政権下でメキシコから短期間のゲスト・ワーカーを迎え入れる制度が提案された際に，議会に対して反対の働きかけを行ったのは AFL‐CIO であった。一般的に労働組合員には民主党支持者が強いと考えられるものの，2016年の選挙で共和党支持に回った州の非熟練労働者のなかには，移民を排斥し，国内産業を守ると約束したトランプ候補に票を投じた者も多かった。

　グローバル化が進むアメリカで，こうした移民労働者と競合する立場に置かれたアメリカ生まれの労働者は，労働条件が悪化する，あるいは職を失うという状況に追いやられる。そうしたストレスに耐え切れず，なかには現実からの逃げ道を薬物使用や暴力に求める場合もあり，その結果として家庭が崩壊し，多くの場合は母親が単身での子育てを強いられるなど，難しい課題を抱えることとなった。さらに，こうした難しい家庭環境で育った次世代の子どもは，十分な高等教育を受ける機会を奪われることで，自らも高賃金の職を得られず，世代間で貧困の連鎖が生じる場合もあった。負の連鎖とは，かつてはアフリカ系母子家庭の現象とされていたが，非熟練白人労働者の家庭でも同様の現象が発生していた。

　トランプが予備選挙で労働者階級の支持を伸ばしていた時期に，こうした「忘れられた」アメリカ社会をその内側から描いたものとして『ヒルビリー・エレジー――アメリカの繁栄から取り残された白人たち』という本が出版され，発売数を伸ばした。高校卒業で非熟練労働に就くアパラチア地方のヒルビリーたちの視点からとらえるならば，グローバル化し多文化化していくアメリカ社会の変化は，自分たち白人労働者階級をますます周縁化するものとして映ったとされる。グローバル化の陰で，アメリカ社会が内側に抱え込んできたこうした矛盾が，トランプという代弁者を得ることによって，政治の表舞台へと引き出されることになったという解釈である。

　もっとも，アメリカ社会の内側に深い分断線が走ることは今日が初めてではない。多様な人種，民族，宗教を内包してきたアメリカでは，これまでも社会の多数派から部外者として排除される人々はつねに存在してきた。しかし，そ

れは白人を中心として描かれる同心円の外側に置かれたマイノリティの場合がほとんどであり，こうしたマイノリティは徐々に力をつけることで，権利を認められ，社会の中心部に向けて包摂され，やがて多数派の一部に組み込まれるという道のりを辿ってきた。

ところが現在の分断線は，もともとは円の中心にいたはずの白人アメリカ人が，外へ外へと押し出されるなかで生じているのである。円から押し出された人々が，どのような機会を取り戻すことで再び社会の内側へと収斂されるのか，その見通しがつかない深刻な問題である。それだけに，自分たちを追いやったマイノリティへの反感が，本来の答に置き換わるかたちで表明されているともいえる。

## 3　異質なものを排除する壁

### （1）メキシコ国境

ポピュリズムを掲げるトランプは，グローバル化の波に乗って生産の場を国外に移転した企業と，それを是認してきた二大政党の政治家を，いずれも特権を享受するエリートとして攻撃の対象とした。しかし，それにも増して白人労働者を惹きつけたトランプの言葉は，弱い立場に置かれた移民労働者，さらには最低賃金以下で働く，あるいは働かされる非合法滞在者に対する攻撃であった。移民に対して人々がもつ不満に答えるものとしてトランプが掲げた公約が，メキシコ国境に沿った壁の建設であった。

しかし，安価で働くメキシコ移民労働者を求めたのは，そもそもアメリカの側であった。第二次世界大戦中に動員による労働力不足に対応するため，1942年にメキシコ政府との間で開始されたブラセロ・プログラムは，作物の収穫時のみの短期労働を必要とする農場が契約により労働者を受け入れるというものであった。雇用期間が終わればブラセロたちは帰国し，また翌年新たに雇用されるというプログラムであったが，雇用期間が過ぎてもアメリカに残る者や，アメリカ人と家庭をもつ労働者も生じるようになった。

1965年には移民法改正が行われ，西半球の国に対しても初めて移民数の上限が設けられた。上限を超えて申請できなかったり，申請書類が却下されたメキ

シコ人は，密かに国境を越えて入国したり，有効なビザで入国後，そのまま滞在を続けるなどして非合法滞在者となった。こうして，時間とともにアメリカ国内の非合法滞在者の人数は増したが，彼らは法的な保護を受けることができない弱い立場で，犯罪に巻き込まれたり，最低賃金未満で搾取されることも多かった。それだけではなく，彼らが提供する安価な労働がアメリカ人の労働環境を悪化させることが，アメリカ社会ではより大きな問題として論じられるようになった。

　こうした非合法滞在者の問題を一掃しようとしたのが1986年の移民法改正で，すでにアメリカに滞在する非合法移民のうち滞在年数などの条件に合う者を合法化し，最終的にはアメリカ市民権がとれるような措置がとられた。同時に，非合法な入国や滞在延長を牽制するために，非合法滞在者を使用した雇用者に対しても新たに法的責任が課されたため，雇用者が合法的であるか否かを問わず，移民と思われる労働者を敬遠するという差別行動にもつながった。

　こうして，一度非合法滞在者を合法化し，市民権まで付与する措置が講じられると，同じような措置が将来またとられることへの期待が生まれ，非合法に入国・滞在するメキシコ人は減少しなかった。1996年には非合法に滞在した期間によって，あらためて合法的移民手続きをとるまでの待機期間を設けるなど，非合法滞在に対する厳しい罰則が立法化された。しかし，それはすでに非合法に滞在する者にとっては，隠れてでも国内に留まり続けることを促す結果となった。それだけではなく，生地主義をとるアメリカでは，非合法な滞在中にアメリカ国内で子どもが生まれれば，その子どもはアメリカ国籍を手にすることができる。伝統的に家族統合を重視してきたアメリカが，アメリカ市民，とくに乳幼児の親を移民法違反というだけの理由で国外に追放することは，容易なことではなかった。

　増大する非合法滞在者の問題をめぐっては，さまざまな移民法改正案が提案されながらも，1990年の移民法改正を最後に答が出ないまま今日に至っている。アメリカへの入り口を厳しく規制することで，新たな非合法滞在者を生まないことに関しては，アメリカ社会全体で基本的な合意がある。しかし，すでに全国に点在する1,000万人を超える非合法滞在者に，どのように対処するのかについては，実現可能な対策がないに等しい。さらに，こうした非合法滞在

者は，アメリカ経済を回転させる低賃金労働者としてすでに組み込まれており，アメリカ社会が現に必要とする存在でもある。

　こうした現状を受けて論じられている案の1つが，非合法滞在者を合法化し，違法行為を償う手続きを経たうえで永住権あるいは市民権を付与するという案である。ただし，不正に入国するという違法行為を行った者が，結果的に市民権という最大の恩恵を手にすることには，アムネスティであるとの反発が強いだけではなく，合法移民として入国するためのビザ取得に数年も待機させられる人々との間の不公正さが指摘される。そうしたなかで，2001年から超党派で検討され続けてきたのが，自らが判断できない未成年期に，家族に連れられて非合法滞在者となった若者の合法化，いわゆるドリーム法案であった。

　議会での移民法改正が進まないなか，2012年の大統領選挙を前にオバマ大統領は，ドリーム法の対象者であるドリーマーたちを合法化する行政措置を発表した。この措置は2年更新ではあるものの，手続きを行った非合法滞在の若者は国外追放をおそれず高等教育や就労の機会を手にし，免許証を取得し，銀行口座を開けるようになった。自らがアメリカに非合法に滞在していることを連邦政府に名乗り出る必要があるため，政治情勢の変化によっては国外退去も覚悟しなくてはならないという選択でありながら，2017年3月には80万人近くの若者がドリーマーとして暫定的に合法的地位を獲得していた。

　しかし，オバマ大統領が違法に入国した移民に合法的滞在を認めたことを選挙時から批判してきたトランプ大統領は，2017年9月にその行政措置の停止を表明した。それにより，新たに救済措置を与えられる若者は生まれなくなった。すでにドリーマーと認定された若者に関しては，2018年3月に連邦最高裁判所から彼らの合法的地位を継続するよう指示が出たものの，議会による立法措置が行われないなか，非常に不安定な状況に置かれている。

## （2）中東からの移民・難民

　メキシコを中心として，経済的な目的からアメリカ国内をめざす移民が数多く入国するだけではなく，アメリカは第三国定住先として多くの難民を国内に受け入れてきた。冷戦期の東欧からの難民や，アフリカの内戦からの難民などはその一例である。2003年にアメリカが引き起こしたイラク戦争後，アメリカ

の武力を背景としたイラク占領が多くのイラク人の命を犠牲にした。イラクの人々の怒りは，占領軍のアメリカ兵に対する攻撃として激化し，イラク戦争では「戦後」の統治期のほうがアメリカ兵の犠牲がむしろ増すという逆転現象がみられた。

しかも，アメリカの占領統治が十分な準備なく始まったため，現地の人々との意思疎通にはイラク人の通訳者を介する必要があった。こうしてアメリカのために働くイラク人は，周囲からみればイラクを裏切ったアメリカ軍のスパイのように映ったため，多くのイラク人通訳者が自国民からの攻撃を受け，その犠牲になっていた。また，スンニ派のフセイン政権で抑圧されてきたシーア派は，フセイン追放後のイラクでは逆にスンニ派の人権を侵害する側に立った。

こうして，アメリカが引き起こした戦争により，イラク国内に新たな宗派・民族的な対立が生じたことに加え，アメリカ軍への協力者の命が危険にさらされることとなった。しかし，アメリカ政府は危険を逃れるため国境を越えたイラク人を，難民としてアメリカに受け入れることに躊躇した。それは難民を装ってテロリストがアメリカ国内に入り込み，国内で被害が生じることを懸念したためであった。議会が超党派の立法で特別移民枠を制定し，アメリカ軍のために働いたイラク人とその家族のアメリカへの受け入れを始めたのは，ブッシュ政権末期のことであった。

こうした難民に対する警戒心は，オバマ政権期にイスラム国（IS）が勢力を伸ばすシリアから，助けを求めて逃れる人々の受け入れをめぐってもみられた。シリアを逃れる難民の多くは，トルコを経由してEUに流入したが，経済的負担だけでなく，難民を装ったテロリストが混在するおそれから，シリア難民の受け入れはEU諸国に大きな政治的課題を投げかけた。オバマ大統領は，アメリカが受け入れるシリア難民の上限を引き上げることで，ヨーロッパの窮状に少しでも手を差し伸べようとしたが，共和党議員を中心に，国内でテロリズムが生じるおそれを理由とした反対の声も大きかった。

アメリカ社会が内向きになるなか，アメリカ社会にとって危険な人々を国境で遮断して，アメリカ国内の安全を守ることがトランプの2016年選挙の売りの1つとされた。実際，オバマ政権期には，年間100万人規模の移民が受け入れられていたが，トランプ政権はそれを半減する方針を掲げた。とくに，就任直

図3-2 難民の上限受け入れ数と実際の受け入れ数

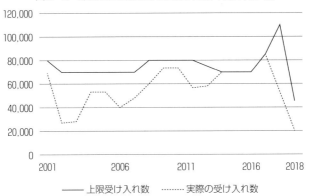

注：2018年度は7月末現在の数値。
出所：アメリカ国務省難民年次報告書より筆者作成。

後の1月に，テロリズムが多発する中東7か国（後にイラクを除外）からの入国を一時停止するという大統領令を出したため，人権侵害の観点から司法を巻き込む大混乱が生じた。また，難民の第三国定住に関しても，オバマ政権の最終年度となった2017年度は11万人の受け入れ枠が準備されたが，トランプ政権に移行したことで実際にはその半分しか受け入れられなかった。さらに2018年度は受け入れの上限そのものが4.5万人にまで縮小され，実際の受け入れはその半分も実施されていない（図3-2）。これはアメリカが1980年に難民法を制定して以来，9・11直後の落ち込みを含めても最低の受け入れ数であり，アメリカの難民政策の意味を大きく転換するものであった。

このように，アメリカに入国する際の壁が高くなっただけではなく，国内社会においてもイスラム系をはじめ，白人とは異なる人々に対する攻撃が頻繁に起こるようになった。とくに歴史的にアフリカ系に対し人種差別的な意図で暴力を用いてきたクー・クラックス・クラン系の団体が，トランプ政権下でアフリカ系，イスラム系，さらには女性の権利をも否定するような運動を展開している。従来であれば，そうした人権侵害を制止する立場にあるのが大統領であるが，トランプ大統領の場合には，明白な批判を行わないだけでなく，ツイッターを用いて人種差別を助長するような発言すら行われている。

## 4 ポピュリズムの分断線を越えて

　トランプは，主流の政治家に忘れられた人々の声を代表するという，ポピュリストを名乗ることで大統領選で支持を集めた。トランプ支持に回った労働者階級の人々は，二大政党制のアメリカにおいては，長きにわたって民主党の支持母体を構成してきた。雇用者の利害を代表する共和党が，生産コストの削減に利害関係をもつだけでなく，減税による小さな政府を主張するのに対し，労働者階級の人々の利害を守ろうとする民主党は，結果的には医療や教育政策を通して，政府の赤字拡大を進めることとなった。アメリカ政治における弱者による権力への抵抗とは，このように持てる者に対する持たざる者の抵抗でもあった。

　しかし，ポピュリストを名乗るトランプは，大統領選挙での出費で資産が多少減少したものの，それでもフォーブスによる2017年の長者番付では248位（推定資産31億ドル）に位置し，おおよそ持たざる者とは対極の人物である。しかも，自らのビル建設事業では，白人労働者と競合する安価な移民労働者を活用するなど，白人労働者がトランプを自らの利害を代表する政治家だとみなすべき根拠はないに等しいという経歴をもつ。

　ところが，トランプは従来の貧富の二分化ではなく，第三軸として新たな「敵」を作り上げることで，ポピュリズムの攻撃が自分を含めた持てる者に向かないようにした。つまり，白人労働者は税金を払いながら政治から何の恩恵も受けていないのに対し，アフリカ系をはじめとするマイノリティは，エリート政治家によって経済的にも社会的にも恩恵を享受している，という三者間の対立図が示された。また，アメリカに非合法に滞在する移民が低賃金労働を受け入れることで，白人労働者の労働環境を脅かしているという構図を掲げることで，移民への反感も搔き立てた。

　トランプ政権は，外に向かってアメリカ・ファーストを唱え，グローバル化で流出するアメリカの資産を国内に引き戻し，すでに競争力を失いつつある国内産業を守るという立場を標榜する。しかしながら，そのアメリカ社会のなかで対等に権利を認められるべき女性，民族的あるいは宗教的マイノリティ，障

害者らは、トランプの目にはアメリカ社会の一員としては映らず、切り捨てられている。アメリカは、多様な人々が同じ生活空間を共有し、交わるなかから新しい活力を生み出してきた国であるが、そうした歴史そのものがトランプの「アメリカ」からは消し去られようとしている。

　アメリカ社会のなかを走る分断線は、たしかに2016年の選挙の前から存在していた。20世紀末から、沿岸の大都市部をもつ青い州と、内陸の農村部を中心とした赤い州というふうに、アメリカ社会は二極化の傾向を強めてきた。そして、それは地理的な分断だけではなく、学歴とそれに連動する所得水準によって、社会的な分断をも伴うようになっていた。敵を作って攻撃するというトランプによる選挙の戦われ方は、その分断線を修復する試みへと結びつくのではなく、むしろより深く亀裂を刻み込んでいった。

　実業家の手法として用いてきた取引（ディール）を、国民に対して統治責任を負う立場の大統領が、社会の分断も厭わず、自己に有利な政治状況を作るため用いた結果に、今日アメリカ社会だけでなく国際社会もが直面しているといえる。アメリカ・ファーストとは、トランプの自己中心主義を国家に投影したものであり、地球温暖化問題、自由貿易制度、多文化の共存など、アメリカが従来進めてきた取り組みを放棄するかたちで、国際社会に対して大きな挑戦を投げかけているのである。

## ディスカッション

① 国境を越えてヒト・モノ・カネ・情報が移動する今日の世界で、自国の利害を守るとは、どういうことを指すのだろう。多様な人々から構成されている社会では、誰の利害が、どのように代表されるべきなのだろうか。アメリカの事例を参考にしながら考えてみよう。

## 参考文献

ヴァンス，ジェイムス・デイビッド，2017，関根光宏・山田文訳『ヒルビリー・エレジー――アメリカの繁栄から取り残された白人たち』光文社．
金成隆一，2017，『ルポ　トランプ王国――もう一つのアメリカを行く』岩波書店．
水島治郎，2016，『ポピュリズムとは何か――民主主義の敵か、改革の希望か』中央公論新社．

【大津留(北川)智恵子】

# 第4章 ポピュリズム拡大の背景は何か？

　2016年のイギリスの EU 離脱国民投票，アメリカ大統領選挙におけるドナルド・トランプ勝利をはじめとして，世界でポピュリズムの波が広がりをみせている。既成政治批判，移民排除，グローバリゼーション批判，自国優先主義など，従来の政治手法と大きく異なるこのポピュリズムへの支持は，なぜ広まったのだろうか。
　本章では，左右対立軸の変化，政党と団体の弱体化，脱工業化とグローバル化といった構造的な変動に注目し，20世紀型政治の前提としてきた諸条件が大きく転換していることに，ポピュリズム支持の背景を探る。そのうえで，ポピュリズムを「右」と「左」に分類し，日本の大都市部で支持を増やしている，ポピュリズム的な地域政治の位置づけを試みる。

## 1　ポピュリズムとは何だろうか

### (1) ポピュリズムの躍進

　近年，欧米各国でポピュリズムと評される政党や政治家が影響力を拡大し，国際社会に大きな動揺を起こしていることは，本書第Ⅰ部の他の章でも詳しく示されたところである。これらの政治勢力は，反既成政治，反 EU，反グローバリゼーション，反移民・イスラムなどを唱えて支持を集め，各国の政治や国際秩序への重大な挑戦者として立ち現れている。
　とくに注意を引くのは，これまで民主主義の先進地域とされる西ヨーロッパやアメリカで，既存のデモクラシーのあり方に批判を投げかけるポピュリズムが，顕著に進出していることである。オーストリア，スイス，イタリア，オラ

ンダ，ベルギー，デンマーク，ノルウェー，スウェーデンなど各国でポピュリズム政党は多数の議席を獲得し，話題をさらっている。2016年には英国EU離脱を問う国民投票で離脱派が勝利し，アメリカでトランプの大統領当選を果たしたこととあわせ，まさにポピュリズムの波が世界を覆い尽くそうとしているかにみえる。2017年にはオランダでポピュリズム政党・自由党が議席を伸ばして第2党となり，フランスでは大統領選挙で国民戦線のマリーヌ・ルペンが決選投票に進出を果たした。同年9月にドイツでは「ドイツのための選択肢」が連邦議会で議席を獲得したが，右派ポピュリズム政党が連邦議会に本格的に進出したこと自体，戦後ドイツでは異例の事態だった。

このような動きは，日本でも無縁ではない。大阪府における「維新」，名古屋市における「減税日本」，東京都における「都民ファースト」など，既成政党や既得権益を批判して無党派層の支持を受けるポピュリズム的な政治勢力は，都市部を中心に広がりをみせている。その主張は欧米のそれとは異なる部分もあるものの，既成政治に違和感をもつ幅広い層に支持を受け，地方議会に議員を送り出し，首長の座を獲得している。

それでは，このようなポピュリズムが21世紀に入り，拡大を遂げたのはなぜだろうか。デモクラシーが成熟期に入ったはずの21世紀で，デモクラシーの価値に逆行するかにみえるポピュリズムが支持を受けるのはなぜか。本章では「20世紀型政治の終わり」と「21世紀型政治の出現」という構造変容をふまえつつ，ポピュリズムの伸長が示す各国の政治変容のあり方を描き出してみたい。

### （2）ポピュリズムの定義

最初に，ポピュリズムについて定義しておこう。さまざまな定義があるが，ここでは，「政治変革をめざす勢力が，既成の権力構造やエリート層（および社会の支配的な価値観）を批判し，『人民』に訴えてその主張の実現をめざす運動」としておきたい（たとえば，Canovan 1999）。この定義に従えば，ポピュリズムは「エリート」「特権層」と「人民」（「国民」「市民」）との二項対立を想定したうえで，「エリート」を悪しき存在，「人民」を善き存在と断じ，「エリート」を徹底的に批判する政治運動，政治イデオロギーといえる。

ポピュリズムが批判の対象とするエリートは，国によって異なるが，既成政党や議員，官僚，司法，労使団体，メディア，知識人などが念頭に置かれることが多い。たとえば日本では官僚が権力をもっているとみなされることが多く，ポピュリズム的な勢力が官僚批判を繰り広げることが多いが（たとえば「公務員特権」はしばしば批判の対象となる），政治家による官僚のコントロールが強い欧米諸国では，既成の政治家が批判の対象になる一方，「官僚批判」が中心に来ることは少ない。

ただ，このようにエリート批判の運動としてポピュリズムをみた場合には，ポピュリズムがいわゆる「右派」に限定されるものではないことがわかるだろう。実際，ポピュリズムが「左派」であることもある。ポピュリズム自体は左右を問わず出現するのであって，「左」や「右」というより，むしろ「下」の「上」に対する対抗運動ともいえる。ポピュリズムが国によって「右」と「左」に分かれる理由については，3で説明する。

## 2 ポピュリズム伸長の背景

### （1）左右対立の変容

ではなぜポピュリズムが21世紀に入り，各国で伸びているのだろうか。以下で3つの理由をあげたい。

第1は，冷戦の終結とイデオロギー対立の変容である。冷戦の終結，そしてソ連・東欧など社会主義諸国の崩壊は，資本主義対社会主義という，20世紀を通じて支配的だった対立軸を大幅に弱め，左右のイデオロギー対立の役割を低下させた。そのことは，それまで左右をそれぞれ代表してきた既成政党の求心力を大幅に減じるものだった。その結果，何らかのかたちで社会主義を基礎に置いてきた社会民主主義政党，そして社会主義に対抗することを結節点として党をまとめてきた保守政党，そのいずれもが1990年代以降，アイデンティティの危機に見舞われることとなったのである。

もちろん，左右対立の緩和は，各国政治の緊張感を和らげるというメリットもある。とくに左右の両政党の政策距離が短くなり，相互の妥協が容易になると，さまざまな改革を協同して担っていくことも可能となる。なかでも1990年

代の西欧諸国の社会民主主義政党がとった「第三の道」路線は，従来掲げてきた社会主義化路線から社会民主主義政党が決別し，市場経済を大前提としたうえで福祉国家の抜本的な改革を試みるものであり，保守政党の路線とも共鳴するものがあった。

しかし，左右の両既成政党の接近，とくに国によっては左右の枠を超えた大連合政権が成立したことは，思わぬ反響を呼び起こした。左右政党の接近や大連合政権の出現は，これを「既成政党の野合」とみなし，「有権者の選択権を奪うもの」ととらえるポピュリズム政党にとっては，格好の批判の対象となったからである。既成政党間の政策距離が短くなったことは，新興勢力が既成政党を十把ひとからげに「政治階級」と呼んで批判することを容易にし，ポピュリズムの進出に道を開く結果となったのである。

## （2）政党と団体の弱体化

第2は，政党と団体の弱体化である。

既成政党の弱体化は，20世紀の末から繰り返し指摘されてきた。20世紀の政党は，多かれ少なかれ党組織を整備し，党員を広くリクルートし，大衆に何らかのかたちで「根づいた」政党であることが普通だった。いわゆる「大衆組織政党」である。しかし「豊かな社会」の到来，ライフスタイルの多様化などを経て，政党の保持してきた大衆組織は近年，いずれの国でも弱体化する傾向にあり，党員数の減少，党活動の停滞に悩まされている。

その結果，従来各国の左右を代表してきた既成政党は，得票率をみても長期低落傾向が明らかである。たとえば2017年選挙をみてみると，フランスの大統領選挙の第1回投票では，有力な保守政党である共和党のフィヨン候補と左派政党，社会党のアモン候補は，2人合計しても得票率は26％程度にすぎず，第五共和制下で初めて左右の有力政党がいずれも決選投票に進出できないという失態を演じてしまう。

また同年のオランダの総選挙では，有力保守政党のキリスト教民主アピールと，やはり有力左派政党である労働党は，得票率は合計で18％に沈んだ。キリスト教民主アピールと労働党は，その前身の政党を含めれば，過去100年間にわたりオランダの首相をほぼ独占してきた伝統ある政党であった。そして1986

年選挙の時点でも、両党は合計で得票率が7割に達していた。しかし両勢力はいまや、ポピュリズム政党・自由党などの新興勢力の後塵を拝す結果となった。

次に既成組織の弱体化である。近年、既成政党の影が薄くなった背景にあるのが、政党を支えてきた各種団体の弱体化である。そもそも20世紀に政党が大衆組織を保持することができたのは、系列の各種団体が党員の金城湯池となっていたことが大きい。多くの国で社民政党を支えてきたのは、労働組合や関連の労働者組織（協同組合や福祉団体）だったし、保守政党を支えてきたのは農民団体や中小企業団体といった職業団体だった。ヨーロッパ大陸の場合、保守系政党であるキリスト教民主主義政党は、これらの団体に加えて信徒団体などの教会系組織も有力な支持団体だった。これらの団体は、人材や資金を系列の政党に供給し、選挙では投票を呼び掛けた。

しかし現在、これら各種団体の多くは、政党と同様、組織率の低下と沈滞に悩んでいる。ヨーロッパの宗教系組織の場合には、ここにキリスト教離れも加わり、事態は深刻である。その結果、人々が宗教団体や職業団体、労働組合に帰属感をもって日常的に参加し、その団体の系列の政党を継続的に支援するといった関係は、もはや一部の人々のものにすぎなくなっている。

### （3）日本における組織離れ

この組織離れの問題を、身近な日本についてみてみよう（表4-1）。

日本でも、有権者の団体加入率がここ数十年で大幅に低下している。たとえば労働組合の加入率は、1980年には12.2％あったところ、2015年には5.9％と半分以下となった。また同時期に、農業団体は9.7％から4.4％に、経済団体は5.8％から1.7％へ、やはり半減以上の減り方を示している。また自治会のような地縁団体の加入率も、64.9％から24.7％に大幅に下がった。職業や地域にもとづく組織加入者の割合が大きく下がるなかで、これらの団体を支持基盤にしたり、そのネットワークを活用してきた従来の政党の足腰が弱まってきたことは、想像に難くない。

他方、増加の一途を辿っているのが、団体に加入していない人々である。1980年の18.2％から2015年の42.6％へと、2倍以上の増加をみせている。団体に属さない「無組織層」が、いまや日本の有権者の多数派となっている。日本

表4-1 2015年時点における有権者の団体加入率

| 労働組合 | 農業団体 | 経済団体 | 自治会 | 住民運動や市民運動 | NPOや地域づくり団体 | どれにも加入していない |
|---|---|---|---|---|---|---|
| 5.9% | 4.4% | 1.7% | 24.7% | 0.5% | 1.8% | 42.6% |

出所:公益財団法人明るい選挙推進協会,2015,『第47回衆議院議員総選挙全国意識調査』。

における「無党派層」の増加の背景には,実は「無組織層」の大幅な拡大があったのである。

なお,近年,さまざまな分野で市民社会のニーズを積極的に汲み取るNPO,NGOの活動が活発に展開されており,また災害時などをはじめとしてボランティア活動にも強い注目が寄せられている。メディアの報道からは,21世紀はむしろこのような新しいかたちの自発的団体が人々をつなぎとめる存在として重要な役割を果たすことへの期待が高まってくる。職業や地域といった旧来の固定的な団体から人々が離れていっても,きちんと代替組織が用意されている,という印象を受ける。

しかし2015年時点をみると,住民運動・市民運動に参加する日本の有権者は0.5%にすぎず,NPOや地域づくり団体についても1.8%にとどまる。従来型の団体の加入率から比べると,1ケタ違うのである。21世紀型の「新しい団体」は,加入者の数をみる限り,従来の団体から離れた人々の受け皿になっていない。いまや多数派は,「無組織層」なのである。

## (4) 脱工業化とグローバル化

第3は,産業構造の変化とグローバル化,そしてヨーロッパにあってはEU統合の進展である。先進諸国における脱工業化の進展,生産拠点の海外移転は,20世紀に先進国の社会の中核を構成してきた工業労働者層に,重大なインパクトをもたらした。経済の情報化とサービス化の進展は,とくに大都市圏において情報産業やサービスセクターを中心とする新たな雇用を生み出したものの,生産拠点が離脱して空洞化した地方の工業地帯は,むしろ失業と貧困が広がっている。これらの地域では,薬物中毒や犯罪も広がるなど,地域社会の解体が進んでいる。アメリカでは旧工業地帯,いわゆる「ラスト・ベルト」がこ

れにあたる（金成 2017）。

　このような「勝ち組」と「負け組」の顕在化を背景に，「置き去りにされた地方」が既成政治に反旗を翻し，グローバリズム批判や EU 離脱を掲げるポピュリズムを支持したことが，2016年アメリカ大統領におけるトランプ当選，そして同年のイギリスの EU 離脱に係る国民投票の離脱派勝利の決め手となったといわれている。

　とくに大陸ヨーロッパにおいては，このような地域社会の困窮の原因を EU に求める主張も，一定の説得力をもった。大都市を優先する既成エリートは地方の問題に向き合わないばかりか，EU による一方的な制約を受容し，無策であるというのである。2017年のフランス大統領選挙で EU 批判を繰り広げた国民戦線のマリーヌ・ルペンが強く支持されたのも，まさに北東部の衰退した旧工業地帯，いわば「フランスのラスト・ベルト」であった。

　以上のマクロな変化を背景として，既成の政治に飽き足りない有権者を幅広く巧みにすくい上げたのが，各国のポピュリズム勢力である。ポピュリスト指導者たちは，初期の「極右」色をかなりの程度払拭したうえで，ツイッターなどの SNS を駆使して直接有権者とつながり，既成政治批判，EU 批判，移民批判など，その急進的な主張を訴えることで，無党派層の有権者に支持を広げることに成功した。

　ポピュリズムの支持層は，多岐にわたる。たしかにグローバル化の「負け組」や「ラスト・ベルト」のような衰退した工業地帯に支持者が多いことは事実だが，特定の地域や職業階層を基盤とした運動というよりは，既成政治に不満を抱く多様な「不満層」がその支持の中核にある。すなわち現在の政治のあり方に不満をもち，議員や政党は自己利益と保身に走るのみであって，「一般の人民」はないがしろにされていると考える人々，将来に対し悲観的にとらえる人々が，まさにポピュリズムを支持することによって異議を申し立てている，といえるだろう。

## 3 ポピュリズムの国際比較

### (1)「右」と「左」のポピュリズム

　ここまでポピュリズムが「なぜ伸長したのか」について述べてきた。しかし現実に世界各国で出現したポピュリズムの中身をみると，その主張は相互に大きく異なることが多い。とくに西欧諸国で移民排除を訴える「右」のポピュリズムが強いのに対し，ラテンアメリカでは再分配を求める「左」のポピュリズムが強い。たしかに，近年世界を席巻するポピュリズムについては，自国第一主義にもとづく移民排斥，イスラム批判など，排外的な「右」のポピュリズムが目につく。しかしすでに述べたように，ポピュリズムの中心的な主張は「反エリート」であって，それが「右派」というかたちをとるかどうかは文脈による。

　むしろ歴史を振り返ってみれば，19世紀末のアメリカ合衆国における「人民党」──この人民党（Populist Party）が，ポピュリズム（Populism）の語源となった──にせよ，20世紀中葉に各国で燃えさかったラテンアメリカのポピュリズムにせよ，かつての南北アメリカにおけるポピュリズムは，むしろ明らかに左派的・革新的傾向をもっていた。アメリカの人民党は，中西部の農民や都市の労働者層を基盤とし，大企業の市場独占，二大政党の政治腐敗を批判し，本来のアメリカを担ってきた「普通の人々」がないがしろにされていると批判した。また20世紀のラテンアメリカでは，アルゼンチンのペロン大統領，ブラジルのヴァルガス大統領などを典型として，ポピュリスト指導者たちは，それまで富と権力を独占してきた一握りのエリート層を批判し，労働者や貧困層を重視する社会改革を進めようとした。そして21世紀のラテンアメリカでも，ベネズエラ，ボリビア，エクアドルなどの国々で，国際的にも知られるポピュリスト系の大統領が当選し，ときに強権を発動しながら，改革志向の左派的政策を進めている。

### (2) 西欧型とラテンアメリカ型

　それでは，「右」と「左」のポピュリズムを分かつ原因は何か。ここでは，

20世紀のラテンアメリカと21世紀の西欧諸国を対比しながら，各国における「格差」の違いが大きくポピュリズムのあり方を規定しているのではないか，と考えてみよう。

　まずラテンアメリカでは，スペイン・ポルトガルによる植民地支配以来の社会経済的な大きな格差が残っていた。各国が19世紀に独立を果たし，植民地支配が終了した後も，本国由来の一握りの白人層の家族が政治の実権を握り，大土地所有や鉱山所有を通じて経済的・社会的な支配を続けてきた。この人口の1％に満たない支配層は，「オリガルキア」と呼ばれた。社会経済エリートが政治エリートと一致していたのであり，20世紀に入って大衆の政治参加が進行して既存政治の変革，オリガルキア打倒を訴える改革勢力が出てくると，それは必然的に富の不平等の是正も求める，左派的傾向をもたざるをえなかった。端的にいえば，エリートの独占する「富も権力も」分配せよ，ということである。

　これに対して現代のヨーロッパ諸国では，20世紀における福祉国家の発展を経て，かつてのラテンアメリカ諸国が直面したような圧倒的な格差は，もはや存在しないといってよい。「エリート」は存在するにせよ，富と権力を固定的に独占する排他的な支配層は，見出すことが難しい。むしろヨーロッパでは，福祉国家体制の確立のもと，「政党や利益団体が緊密なネットワークを作り上げ，富と権利の分配システムが堅牢に構築されてきた」のである（島田 2011）。各国で政権を担ってきたのは，労働者層を代表する社会民主主義政党であったり，農民層や中小自営業者層を支持基盤とするキリスト教民主主義政党であって，むしろ彼らは労働組合や農民団体などの支持団体の要求に応え，その政治的発言権を保障するとともに，積極的に富の配分を進めてきた。その意味では，西欧諸国は反エリートのポピュリズム的な政治運動の芽を事前に摘んでいた，ともいえる。

　しかしすでに述べたように，ヨーロッパをはじめとする現代の先進諸国では，既成の政党や団体はその凝集力を大幅に減じている。無党派層，無組織層が多数派を占めるなかで，政党や団体を通じて政治につながり，またその利益配分にあずかる人は少数派に転落した。まさにポピュリズム政党は，そのシステムから疎外され，利益や意見が既存の体制から顧慮されていないと感じる，

第4章　ポピュリズム拡大の背景は何か？

組織されざる人々の不満，憤懣（ふんまん）を代弁するとして支持を集めている（島田 2011）。その結果，ヨーロッパのポピュリズムの場合，経済エリートを批判して「分配」を求めるのではなく，むしろ既存の制度による「分配」によって保護された層，すなわち公務員，労働組合，福祉給付受給者，移民・難民などを「特権層」と規定し，その特権を批判する，という論法をとる。そしてリベラルな政治家やメディア，知識人などは，共謀してこの一部の「特権層」を保護し，国民の多数派の要求には背を向けるエリートだ，として批判されるのである。

このように，各国の置かれた社会経済状況，とくに格差の問題が，既成政治批判としてのポピュリズムの態様に，大きな影響を与えているといえよう。

## （3）日本型──「中」のポピュリズム

それでは，このように左右のポピュリズムを整理した場合，日本についてはどのように考えたらいいのだろうか。

日本でポピュリズム系の政治勢力として一定の存在感を示しているものとしては，すでに述べたように大阪の「維新」，東京都の小池都知事や「都民ファースト」，名古屋市の河村たかし市長や地域政党「減税日本」などがあげられる。

まず明らかなことは，これらの勢力を各国のポピュリズム政党のような「右」や「左」に分類することが困難である，ということである。先進国に属し，西欧諸国と共通項の多い日本は，一見すると右派のポピュリズムに勝機がありそうだ。しかし日本はまだ外国人人口が圧倒的に少なく，反移民，反外国人の主張は広がりにくい。たしかに日本社会の一部には，「在日特権」批判のような外国籍住民をターゲットとする排外的な主張はあるが，説得力がなく，広がりを欠いている。そのためポピュリズム系の政治家や政治運動にとっては，このような排外主義的主張を掲げることは，むしろ政治的なリスクが大きい。

むしろ日本のポピュリズム勢力に顕著なのは，反既成政治，反既得権益といった「旧来型政治」への批判が，主張の中心となっていることである。右派的・排外的主張ではなく，「反既得権益」「反既成政党」を叫ぶことで，既成政党に飽き足りない無党派層の動員に成功しているといえる。反外国人や，反富裕層・反巨大企業といった主張は，これらのポピュリズムにはあまり見出せな

い。その意味で日本のポピュリズムは、近年先進各国を揺るがせる急進的なポピュリズムとは一線を画す存在であり、「中」のポピュリズムといえるかもしれない。

## （4）「大都市」のポピュリズム

　日本のポピュリズム勢力を特徴づけるもう1つの特徴は、「大都市圏中心のポピュリズム」ということである。東京都、大阪府、名古屋市という3大都市圏の有権者は、いずれもポピュリズム的な地域政党に強い支持を与えているが、地方には必ずしも広がっていない。このことは、アメリカのラスト・ベルトを典型とする「衰退した地方」がポピュリズムを支えた2016年以降の欧米諸国とは、対照的である。アメリカやフランス、イギリスなどでは、繁栄するグローバル都市、多民族化が進みリベラルな気風の強い大都市から取り残された旧工業地域で、グローバル化に背を向ける人々がポピュリズムを熱烈に支持した。

　ではなぜ日本で、ポピュリズムの支持基盤をめぐる「逆転現象」が生じたのだろうか。そもそも戦後の日本では、地方に選挙基盤を置く自民党政権が長期に続くなかで、「国土の均衡ある発展」という理念のもと、政権与党は地方交付税交付金をはじめとする地方への財政移転、地方の経済開発に積極的であった。いまもなお自民党政権は、「国土強靱化」政策のもと、地方への利益分配には強い関心をもっている。これに対し野党勢力は革新自治体を典型として都市部を基盤とし、自民党政権への対抗を試みることが多かった。

　このような「地方重視」の政治が続くなかで、大都市圏の住民にとってみれば、既成政治から恩恵を受けているという実感は乏しい。そのため都市住民においては、所得水準では地方を上回るものの、自分たちが政治的には「後回しにされている」という一種の「相対的な剥奪感」を抱き、反既成政党、反既得権益を掲げる政治運動に支持を与えるという流れがあるとみることもできよう。ただそのことは、日本のポピュリズムの全国的な広がりにとっては、大きな制約となる可能性もある。

## （5）21世紀型政治の出現？

　本章では以上のように，ポピュリズム拡大の背景に20世紀型政治の変容があること，既成政党や団体を基盤とした政治がもはや成り立たなくなりつつあることを指摘した。若い世代を中心に，人々はインターネットを通じて迅速に情報を入手し，また発信するようになっており，政党や団体がこれまで果たしてきた役割が失われつつある。SNSなどを活用して直接有権者に訴えることに熱心なポピュリズム政党やポピュリスト指導者は，まさにその空白を埋めることで，存在感を高めることに成功した。しかし，急進的で賛否を呼ぶ主張を行うことで注目を集めるポピュリズム型政治が主流になれば，熟議や妥協をふまえた意思決定は困難となる。さまざまなリスクを抱えた21世紀型の政治は，定着するにはまだ時間がかかりそうだ。

### ディスカッション

① 既成の政治に対する不満，批判が存在し，それが政治的に表出すること自体は，民主主義の下ではむしろ健全なことかもしれない。しかし他方，ポピュリズムのイデオロギーのなかには，その排外主義的な主張，敵と味方を二分する思考法など，民主主義をリスクにさらす要素も指摘される。ポピュリズムのもたらす功罪について考えてみよう。

### 参考文献

遠藤乾，2016，『欧州複合危機　苦悶するEU，揺れる世界』中央公論新社．
金成隆一，2017，『ルポ　トランプ王国──もう一つのアメリカを行く』岩波書店．
国末憲人，2017，『ポピュリズムと欧州動乱──フランスはEU崩壊の引き金を引くのか』講談社．
島田幸典，2011，「ナショナル・ポピュリズムとリベラル・デモクラシー──比較分析と理論研究のための視角」河原祐馬・島田幸典・玉田芳史編『移民と政治──ナショナル・ポピュリズムの国際比較』昭和堂，1-25．
高橋進・石田徹編，2013，『ポピュリズム時代のデモクラシー──ヨーロッパからの考察』法律文化社．
高橋進・石田徹編，2016，『「再国民化」に揺らぐヨーロッパ──新たなナショナリズムの隆盛と移民排斥のゆくえ』法律文化社．
中北浩爾，2017，『自民党──「一強」の実像』中央公論新社．
中谷義和・川村仁子・高橋進・松下冽編，2017，『ポピュリズムのグローバル化を問う──揺らぐ民主主義のゆくえ』法律文化社．
畑山敏夫，2007，『現代フランスの新しい右翼──ルペンの見果てぬ夢』法律文化社．

第Ⅰ部　先進国の危機と「自国ファースト」

水島治郎，2016，『ポピュリズムとは何か――民主主義の敵か，改革の希望か』中央公論新社．
水島治郎編，2016，『保守の比較政治学――欧州・日本の保守政党とポピュリズム』岩波書店．
ミュラー，ヤン＝ヴェルナー，2017，板橋拓己訳『ポピュリズムとは何か』岩波書店．
Canovan, Margaret, 1999, "Trust the People! Populism and the Two Faces of Democracy," *Political Studies*, 47(1): 2-16.

【水島治郎】

第Ⅱ部───アジアの動きと日本の未来

# 第5章　日本経済はトランプ政権に立ち向かうことができるのか？

　情報の独占と金融自由化を軸としたグローバリゼーションは，国内の格差・貧困問題を深刻化させ，移民排斥などのポピュリズム政治を台頭させている。トランプ政権も安倍政権も似た性格をもつが，安倍政権はトランプ政権の要求に次々と譲歩を重ねている。この外交の「自主性」喪失の背景は何か。
　1つは安倍政権が「紙幣本位制」の下で金融緩和政策に依存するようになっており，それがアメリカの承認を必要とするからである。いま1つはトランプによるアメリカ外交の変質である。「米国第一主義」を掲げるトランプ外交は，ポピュリズムと「ビジネスマン的なディール」の手法にもとづくが，それは米中貿易戦争を惹起させ，トルコ制裁で新興国の通貨暴落を引き起こし，イラン制裁で西欧諸国との同盟関係を危うくし，戦後アメリカ支配を壊す矛盾した面をもつ。日本政府は主張できないがゆえに，こうした新たな事態に対処できないでいる。

## 1　外交ができない日本

　外交の舞台で安倍政権の存在感が著しく欠けている。アメリカのトランプ政権がいうことに従い，国内政治のために「外交」を利用するだけだからである。
　安倍晋三首相ほど「外遊」を行った首相はいない。2018年9月23〜28日の訪米で実に67回目に達する（外務省ウェブサイト「総理大臣の外国訪問一覧」参照）。毎月1回近く「外遊」している勘定になる。安倍政権は，自身が掲げた政策目標が失敗し，森友・加計問題などの「疑惑」が表面化して支持率が落ちるたびに，北朝鮮の脅威などをあおったり，「外交」で各国首脳らとの関係強化を演出したりして政権への求心力を維持しようとしてきた。

トランプ大統領との「ゴルフ外交」はその典型であるが，2018年6月7日と9月26日の日米首脳会談をみる限り，成功しているとはいいがたい。

まず，北朝鮮問題では完全に「蚊帳の外」に置かれてしまった。6か国で唯一首脳会談を拒否してきたのは安倍晋三政権だけである。2017年夏，総選挙前に，Jアラートを繰り返し鳴らし，ずっと「最大限の圧力」を言い続け，イージス・アショアなど攻撃的兵器を買い，それを憲法「改正」論に利用してきた。自らがロシア訪問中にトランプが会談中止をいった際にも，即座に「世界でたった一か国」だけ支持すると「自慢」する始末。直後，トランプ大統領は「ビジネスマン的なディール（取引）」の手法で，北朝鮮側が核実験場を爆破して閉鎖し，拘留していた米国人を釈放して譲歩してくると，一転して会談実施へと動いた。「緊密に連携」していると繰り返してきた安倍政権は，完全にはしごを外されたかたちだが，すぐに前言をひるがえし米朝会談の支持を表明した。

安倍首相に対してトランプ大統領は「拉致問題を提起した」としたものの，結局，自ら交渉せざるをえない立場に追い込まれた。だが，圧力一辺倒だった安倍政権には北朝鮮との強いパイプはなく，成果を出すことは困難だろう。

一方，安倍首相は貿易問題でも譲歩を迫られた。もともとトランプ大統領による鉄鋼25％・アルミ関税10％の課税を免れ，TPP11への復帰を説得することが期待されていたが，トランプ大統領はそれを無視して，貿易の不均衡を問題にし二国間FTA交渉を求めた。安倍首相は，「軍用機やボーイング製の航空機，農産物を含め日本は数十億ドル規模のあらゆる米国製品」を新たに購入していると述べた。にもかかわらず，トランプ大統領は自動車貿易の不均衡を取り上げ，「われわれはミシガン，ペンシルバニア，オハイオの各州で新たな自動車工場が欲しい」と要請されたのに対して，安倍首相は対米投資を約束したかのように報じられている（「米朝会談で朝鮮戦争終結へ合意も，トランプ大統領が安倍首相と会談」ロイター，2018年6月8日）。日本にとっては，安倍訪米はまさに「やぶ蛇」であった。

その後，カナダで開かれたG7サミットでも，英BBCによれば，安倍首相は「米国の高い関税に対する報復措置に参加するよう，他のG7各国から強く求められ，難しい立場に追い込まれた」という（「G7首脳会談の1枚 この写真には誰と誰が」BBC，2018年6月10日）。また移民問題の議論の場面において，トラ

ンプ大統領は安倍首相に対して「私が（日本に）メキシコ人を2500万人送れば，君はすぐ退陣することになるぞ」と暴言を吐いたと報じられている（「トランプ氏『日本に移民送れば晋三は退陣』G7で暴言」朝日新聞デジタル，2018年6月16日）。そして，9月26日の日米首脳会談で事実上の二国間 FTA 交渉を飲まされた。もはや米国大統領との「蜜月関係」を演出するだけの物言わぬ「外交」では，トランプ外交には通用しないことは明らかだろう。

　なぜこうした現象が起きるのか。アメリカに追随する「外交」はいまに始まったことではなく，アメリカ軍基地に依存した日米安全保障条約にその根拠を求めることができるが，安倍政権において「自主性」の喪失が一層進んでいる。その背景を国際通貨制度とトランプによるアメリカ外交の変質という面から検討してみたい。

## 2　「紙幣本位制」と国際的政治経済秩序

### （1）バブル循環と中央銀行

　1971年に，ドルと金の結びつきが断たれて以降，国際通貨は「紙幣本位制」とでもいうべき「管理通貨」制度になった。貨幣の起源については諸説あるが，1つは金本位制（あるいは銀本位制）に収斂される「金属主義」説である。リカードに代表される古典派経済学によって金本位制は貿易収支の自動調整メカニズムを保証するものとされた。その意味において，貨幣の量をモノやサービスを取引する実体経済の範囲内に限定させようとする制度であるといえよう。しかし，貨幣の実物的基礎を希少な金属に求める考え方は矛盾を抱えている。貨幣の信用は金属の希少性ゆえに生ずると考えるが，不況期にはその希少性ゆえにかえって経済を縮小させるように働く。

　これに対して，ケインズに代表される，貨幣とりわけ紙幣の起源を信用証書（流通可能な債務証書）に求める「表券主義」説がある。歴史を大きくみれば，不況のたびに金本位制は信用収縮を招くので，紙幣の発行量に関して金準備の縛りを緩められてきた。だが，不況期に金融緩和に依存して，未来を先取りできる信用を拡大しすぎるとバブル依存症に陥っていくことになった。

　1971年のニクソン元大統領の新政策によってドルと金のリンクが断ち切ら

れ,「紙幣本位制」に行き着いた。その後,国際通貨制度はスミソニアン協定を経て,変動相場制に移行した。お金どうしの市場的交換によって,その国のお金の価値を決めるという究極の資本主義世界を体現しているようにみえるが,そこには自由な為替取引によって貿易収支の自動調整機能が必ずしも保証されているわけではない。1970年代の石油ショックとともに,経済政策の協調を図るためにG7という先進7か国の協議体が形成された。たえず相互の経済政策を調整する仕組みである。それは,日独の「機関車」論を展開するとともに,為替レートの調整の役割を担った。アメリカの貿易赤字を緩和するためにドル高を修正した1985年のプラザ合意である。

　変動相場制に移行すると,通貨の発行について,中央銀行の裁量範囲が拡大した。さらに金融自由化はリスクをヘッジする金融デリバティブ商品をはじめ,さまざまな証券化商品を創出していった。固定相場制の時代には,中央銀行は国際収支が悪化すれば引き締めて通貨価値を維持するように動くことを余儀なくされたが,変動相場制の下では,中央銀行は金融緩和政策をとって為替レートを切り下げるように動く。しかし,不況のたびに創り出される大量のマネー,ニアマネーがあふれ出し,やがてそれは投機マネーとなって暴れ出すのである。その結果,景気循環は,財やサービスの生産・取引の実体経済が主導する景気循環から,1980年代後半以降は株や土地住宅の価格(あるいは商品先物などの金融商品)が主導するバブル循環へと変質していった。1980年代後半は不動産バブル,1990年代末はITバブルという株バブル,2000年代半ばは住宅バブル,2010年代前半は新興国と石油バブルといった具合である。

　だが,こうした「バブル循環」の下では,政権はバブルを創り出して選挙に有利になるように中央銀行を政治的に利用しやすい。1990年代に中央銀行の「独立性」が盛んに議論されたように,中央銀行の役割は,政治から「独立性」を保ち,バブルをコントロールすることに変わった。それを体現したのはグリーンスパン元FRB議長であった。バブルが昂進してくると,素早く小刻みに金利を引き上げていき,バブルが崩壊すると,素早く小刻みに引き下げていくのである。グリーンスパンはそれに成功したかにみえた。

　だが,2008年9月のリーマン・ショックを契機にして,中央銀行の「独立性」も失われていった。FRB(連邦準備制度),ECB(欧州中央銀行),日本銀行の政

策金利はゼロになり，そして ECB と日銀は中央銀行内の当座預金勘定にマイナス金利を適用するに至っている。これまで歴史上なかった状況に突き当たっているといってよいだろう。

## （２）中央銀行によるバブル創出へ

リーマン・ショックはその規模において「100年に一度」の金融危機をもたらした。1990年代初めの不動産バブルの崩壊のときは，果断に公的資金が注入されて整理信託公社（RTC）が設置され，経営責任を問いつつ不良債権を買い取って S&L（貯蓄銀行）を中心に合併救済が行われていった。しかし，アメリカにおいても，大手金融機関が次々と破綻したリーマン・ショックではこうした本格的な不良債権処理は行われなかった。経営責任を問わずにずるずると公的資金が注入され，FRB の管轄下にないにもかかわらず，投資銀行や GMAC のようなパラレルバンキングにも銀行持ち株会社を作らせて救済融資に乗り出した。

ゼロ金利で金利政策の余地が非常に限定されてしまうと，FRB は非伝統的な量的金融緩和政策をとるようになった。2008年3月27日から，TSLF（Term Securities Lending Facility）という制度が実施されていたが，FRB が金融市場から公債だけでなく，住宅ローン担保証券（MBS：Mortgage Backed Securities）を買い取る政策を行っていった。

その規模が大きく膨らんだ。実際，リーマン・ショック直後の2008年9月3日まで FRB の総資産は9,052億ドル（1ドル＝105円で約95兆円）だったが，2010年9月8日には2兆3,058億ドル（約242兆円），2012年9月8日には2兆8,234億ドル（約296兆円），そして2014年11月24日に4兆5,094億ドル（約473兆円）でピークに達し，その後，横ばいになる。このピーク時の FRB 資産の内訳をみると，財務省証券（US Treasury Securities）が2兆4,620億ドル（約258兆5,000億円），住宅ローン担保証券（MBS）が1兆7,180億ドル（約180兆4,000億円）を占めている。FRB による公債の買い入れ額が大きく膨らんだが，注目すべきは住宅ローン担保証券の購入額の大きさである。住宅ローン担保証券の購入は，住宅ローンを証券化するフレディマックやファニーメイなどの住宅金融機関（政府支援を受ける民間企業）を救済する目的があったが，中央銀行が住宅市場に介入して

図 5-1 国債保有者の割合

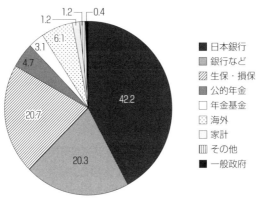

出所：筆者作成。

バブルを維持する役割を負うことになったからである。

前に述べたように，「紙幣本位制」が全面化したときに，中央銀行の主たる役割は政治から「独立性」を確保してバブルをコントロールすることになったが，リーマン・ショックを経て，いまや積極的に金融市場に介入してバブルを創り出す役割に突き進んでいるのである。だが，それが持続可能性をもつかどうか疑わしい。日銀の資産購入額の異常な膨張がそれを示唆している。

2013年4月に黒田東彦日銀総裁は，2年で2％の消費者物価上昇率を目標に据えて，大規模な金融緩和に乗り出した。しかし，5年たっても物価上昇目標の実現時期は6回も延期され，政府は「道半ば」を繰り返して失敗を隠してきたが，ついに2018年4月27日の政策決定会合において目標達成時期そのものを削除してしまった。日銀が保有する国債は，2013年3月20日時点で約125兆円だったが，2018年11月10日時点で約469兆円になり，GDPの9割近くに達した。株式（指数連動型上場投信）は同期間に約1兆5,000億円から22兆4,074億円に膨張している。その間に，国の借金は2013年度の991兆円から2017年度（2018年3月末）には1,087兆円に達した。

図 5-1 は，2017年9月末の国債保有者の内訳を示している。日銀は「異次元の金融緩和」によって42.2％を占め，半年後の17年12月末でみても41.1％を占めている。前年と比べると，日銀は国債保有を6.8％増やしている。その一

方で,銀行などの国債保有比率は落ちてきている。17年9月末で20.3％を占めているが,12月末には16.8％に減っている。逆に,海外投資家の保有残高は17年9月末で6.1％だったが,12月末には11.2％に増えている。日米金利差の拡大もあって,2018年に入って,応札がなく債券市場で10年もの国債に値がつかない事態が起きるようになった。8月29日で7度目である。日本の国債市場は国債が流動性を失い,麻痺状態に陥っている。

いまや日銀の金融緩和政策は"出口のないネズミ講"のようになっている。日銀が金融緩和を止めたとたん,株価が暴落し,金利が上昇して国債価格が下落し,日銀を含む金融機関や年金基金が大量の損失を抱え込んでしまう状況だからである。2016年に財務省が行った試算によれば,金利が1％上がれば,国債の価値が67兆円毀損する(『日本経済新聞』2016年10月17日付)。日銀が国債や株の購入を止めれば,日銀自身を含めて金融機関や年金基金も巨大な損失を抱えてしまうのである。また財務省の試算によれば,金利が1％上昇すると,国債費を3.6兆円膨張させる。金利の上昇は財政危機をもたらすのである。ところが,安倍政権は,日銀の政策委員を「リフレ派(インフレターゲット派)」で固めて,政策の失敗に対する根本的な批判を封じ込めてしまった。

リフレ派の失敗は,バブル崩壊後の不良債権処理の失敗の延長上にある。厳格な資産査定を行わず,財政金融政策を動員してずるずると不良債権処理を行っていくうちに,企業の国際競争力を低下させ,格差を拡大させて経済衰退をもたらしてきた。いまや,日銀信用を総動員して財政赤字をファイナンスし続け,行けるところまで行くしかない状況に陥っているのである。

## (3) バブル循環と選挙循環

なぜ中央銀行の役割が,バブルのコントロールからバブルを作り出す役割に変わってきたのか。その1つの理由は,前に述べたように,「100年に一度」といわれるリーマン・ショックが深刻で,決済機構の中枢にあたる大手金融機関にメスを入れる政治的決断ができず,厳格な債権査定にもとづく不良債権処理を避けたことがある。その結果,ゼロ金利政策が長引いて,ひたすら大規模な財政金融政策で乗り切ろうとしてきたために,なかなか金融政策を正常化することが困難になり,中央銀行がバブルをコントロールするどころか直接,株や

第5章　日本経済はトランプ政権に立ち向かうことができるのか？

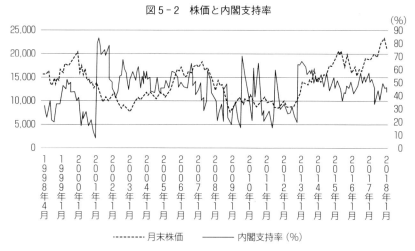

図5-2　株価と内閣支持率

出所：日経平均株価の月末終値は「日経平均プロフィル」より。内閣支持率はNHK放送文化研究所「政治意識月例調査」より筆者作成。

不動産を買い支えなければならなくなってしまったのである。

とくに日本の場合，異次元の金融緩和もマイナス金利政策も長引いている。そこで，それを「正当化」するために動員されたのがインフレターゲット論であった。だが，インフレターゲット論が想定する2年で2％の物価上昇率という「デフレ脱却」の目標は実現からはほど遠く，もはや，誰の目にもその失敗は明らかである。そして「道半ば」を繰り返し，自らの政策的失敗を認めずに大規模金融緩和を繰り返すうちに，出口を失ってしまったのである。

いま1つの理由は，中央銀行が政治からの「独立性」を保つことが困難になると，財政金融政策は政治にますます従属するようになる。ノードハウスやタフトが主張した「選挙循環」という議論がある。景気循環が実体経済中心の時代には，選挙前に景気対策をするために景気がよくなり，選挙が終わると，物価上昇を抑えるために景気が後退する。かくして景気循環は「選挙循環」を描くようになるというものである。

これに対して，いまや景気循環はバブルとバブルの崩壊を繰り返すバブル循環に変質した。図5-2は，株価と内閣支持率が連動していることを示唆している。まず，1997年11月にバブルが本格的に崩壊するが，株価下落に伴い，内

閣支持率が下落する。そこで2001年4月に小泉純一郎政権が誕生するや支持率は80％を超える。だが，イラク戦争が起きるプロセスで株価が下落していくと，さすがの小泉政権も支持率が落ちていく。しかし，イラク戦争後のリバウンドで株価が上昇を始めると，支持率は高止まりする。

ところが，2007年夏にBNPパリバ傘下のヘッジファンドが閉鎖するパリバ・ショックが起きて株価下落が始まり，リーマン・ショック以降，株価は低迷する。一見すると，その後は株価と内閣支持率は関係を失うようにみえる。しかし，それは首相が頻繁に交替するようになったからである。実際，安倍晋三（第一次），福田康夫，麻生太郎，そしてリーマン・ショックを契機に，民主党政権が誕生しても，鳩山由紀夫，菅直人，野田佳彦と1年前後で内閣が交替するようになった。内閣が替わると，内閣支持率が上昇するが，株価が低迷していると，すぐにその支持率ははげ落ちてしまうのである。

その後，第二次安倍政権が誕生するが，政権が掲げた政策目標は達成されていない。デフレ脱却（2年で2％の物価上昇率目標），女性活躍（管理職割合の上昇），待機児童ゼロ，介護離職ゼロなどである。その一方で，選挙公約にない，特定秘密保護法，安保関連法，共謀罪法などを強行採決した。しかも，森友学園への国有地払い下げの大幅値引き問題，加計学園の獣医学部新設問題，ペジー・コンピューティングの補助金詐欺問題，南スーダンに派遣されていた陸上自衛隊の日報問題，データ恣意的利用とデータ隠しにもとづいて労働時間規制を外す「高度プロフェッショナル」制度の導入と過労死ラインぎりぎりの残業時間規制にする「働き方」改革問題などが起きている。そして相次ぐ閣僚のスキャンダルなど，不正・腐敗疑惑が頻発しているにもかかわらず，株価が上昇し高止まりしているので，安倍内閣の支持率もなかなか下がらない。

資産価格をつり上げるには，財政政策より金融政策が有効になる。しかも，安倍政権は日銀に直接株を購入させている。つまり，安倍政権が意識的に政権維持のために，こうしたスキャンダルが発生するたびに，株高で表向きの「景気のよさ」を演出するために，日銀にETF（指数連動型株式上場投信）を購入させているのである。そのために，日銀はもはや出口を失ってしまったのである。

## 3 アメリカに組み込まれる日本経済

### (1)「紙幣本位制」と貿易収支の政治的調整

　金融市場を麻痺させるほどの日銀の「異次元の金融緩和」が可能になった背景は何なのか。実は，そこに日本がアメリカに物言えぬ関係の経済的基礎が隠されている。この裏側には通貨問題とパワー（権力）という問題が存在しているからである。「紙幣本位制」は為替市場の取引で自国の通貨価値が決まるようにみえるが，前述したように，相互に貿易不均衡を自動的に調整する機能に限界があるので，通貨価値が安定するには，先進国同士の相互「承認」がなければならない。そのために G7（先進 7 か国）の枠組みができた。日本はとりわけ対米貿易黒字が大きいので，依然として国際決済通貨として最も有力な地位を占めるドルをもつアメリカの通貨当局の「承認」がなければならない。つまり，固定相場制がなくなり変動相場制の下で，通貨価値の安定性を確保するには，公信用を維持する政府と中央銀行の信用の裏づけ，そして二国間あるいは多国間で通貨当局の相互「承認」を必要とするのである。

　実は，そこにこそ「紙幣本位制」が通貨のパワーポリティクスをもたらす根拠が生ずる。まさに EU が統合して単一通貨を形成したのも，基軸通貨国アメリカに対して通貨パワーを手に入れる試みであった。それに対して日米間の通貨間の関係は片務的である。米国のドルという国際決済通貨に対する衛星的存在である日本は，つねにアメリカを助ける限りで，円安を許容される。

　2 つの条件がそうした関係を強める。1 つは，つねに日本はアメリカに対して貿易黒字を記録し続けてきたことである。戦後直後と違ってアメリカは欧州や日本に自由貿易で市場を開放することで，その経済成長を許容してきた。しかし，アメリカは次第に余裕を失ってきた。1980年代に始まる日米貿易協議というかたちで，「政治的調整」が行われてきた。

　しかし，トランプ政権になってから，それは新しい次元に入った。これまでアメリカは一応，「自由貿易主義」の看板は降ろさずに，通商代表部（USTR）を通じて輸出制限や輸入割当などを求めてきた。2017年 1 月に，トランプ大統領は「米国第一主義（アメリカ・ファースト）」を掲げて就任したが，公然と保

第Ⅱ部　アジアの動きと日本の未来

護関税を掲げるようになった。アメリカにより有利となるように NAFTA（北米自由貿易協定）と米韓 FTA を見直し，2018年2月には鉄鋼関税25%，アルミニウム10%の関税を新たに課した。さらに，同年7～9月にかけて，ハイテク製品など先端分野で成長してきた中国製品に対して，知的財産の侵害などを理由に，通商法301条にもとづいて高い関税を課す制裁措置を発動した。最初の2回は計500億ドルに25%，3回目は計2,000億ドルに10%の関税を課した。これに対して，中国政府はアメリカから輸入する大豆や自動車など106品目に25%の関税を課し，第3弾（3回目）に対しても600億ドル分のアメリカ製品に5～10%の報復関税を課した。

　一方，日米構造協議の結果，先端産業分野で日本の製造業は競争力を失ってきた。そのきっかけは1986年の日米半導体協定である。日本製半導体の対米輸出を抑えるためにダンピング防止という名で価格低下を認めなかった。1991年の改訂では日本市場における外国製半導体のシェアを20%以上に引き上げる輸入割当が実施された。バブル崩壊後の「失われた20年」も相まって，日本の半導体産業は衰退の道を辿った。半導体だけでなく，日本は自動車を除いてスーパーコンピュータ，液晶パネル・液晶テレビ，携帯電話，携帯音楽プレーヤー，カーナビなど，多くの日本製品は世界でシェアを落としてきた。また国内市場は，バブル崩壊に伴う不良債権処理の失敗からデフレと人口減少に陥っており，ますます円安誘導による大企業の輸出に依存する度合いは高まっている。こうした状況にもかかわらず，アメリカは貿易赤字の解消を求めてきており，日本政府がアメリカに円安の許容を求めるには，残った自動車や農業での譲歩を求められる苦しい立場に追い込まれている。

## （2）米 FRB の正常化と日銀の異常

　一方，金融面でみると，FRB は政策金利を徐々に引き上げて金融正常化に動き出しているが，アメリカが金融引き締めを行うことはバブルの崩壊を導き，世界経済を減速させやすくなっている。こうしたアメリカの制約を緩和する役割を日本の金融政策が担うようになっている。こうした傾向は，FRB が住宅バブルで金利を引き上げていった2004年以降の小泉政権期にもみられた傾向であるが，実は，1980年代から似た状況が生まれている。当時，レーガン政

権は「小さな政府」を標榜しながら，1981年の「経済再建税法」によって減税先行の政策をとって，意図とは逆に財政赤字を膨張させていった。これに対してポール・ボルカーFRB議長（当時）は，ドル高高金利政策をとった。その結果，日米金利差が広がり，アメリカに資金が流れ，強い引き締め政策を緩和する役割を果たしていった。

しかし，それによってもたらされたドル高は，中南米諸国のドル建て債務を膨らませ，やがて債務危機をもたらすことになった。また，ドル高は日米貿易摩擦を激化させた。こうした事態は，先進諸国間でドル高を政治的交渉で修正する1985年の「プラザ合意」に行き着いた。「紙幣本位制」と変動相場制が市場の自動調整機能の限界を露呈させたのである。

トランプ政権の政策は，こうした1980年代の日米関係と似ている面をもつ。FRBはゼロ金利政策を止め，保有資産を縮小する金融正常化に向かっている。だが，FRBが金利引き上げのたびに，株価が下落する傾向を示している。これを緩和する限りで，トランプ政権は日本の金融緩和を容認したと考えられる。しかも，日銀のETF買いは株取引の約7割を占める外国人投資家を潤わせる。実際，空売り率は5割に及ぶ。とはいえ，失われた雇用を取り戻すことを選挙公約した以上，口先介入で過度なドル高円安は認めない。と同時に，「米国第一主義」を掲げるトランプ政権は政治的に貿易交渉を仕掛けて，政治的に貿易不均衡を「是正」しようとするのである。これも1980年代にみられた構図と類似している。

2012年12月の衆議院選挙での公約を裏切って安倍政権は，TPP（環太平洋包括連携協定）交渉に参加したが，トランプ大統領がTPP離脱を表明した。安倍政権は米国をTPPに復帰させると主張してきたが，2018年4月17〜20日，アメリカを訪問した安倍首相に対して，トランプ大統領は日米間の二国間貿易協定を主張し，同年6月7日の日米会談で，ライトハイザー通商代表部代表と茂木敏充経済再生相の間で「協議」することで合意させられた。そして同年9月26日，日本政府はTAG（物品貿易協定）だとするが，実質的に日米FTA交渉に入ることが合意された。

このように，世界的に「紙幣本位制」になった通貨制度の下で，アメリカの承認によって日本の金融緩和政策は成り立ち，金融資本主義の下で新たな対米

依存関係を作り出したのである。だが、トランプ政権の手法は、かつての政権とは異なっている。移民排斥や保護主義などかつて世界を分裂に導いた大衆迎合的なナショナリズムを掲げているからである。

## 4 トランプ外交の特質

### (1) 貿易戦争

　安倍政権は森友学園への国有地払い下げの大幅値引き問題や加計学園の獣医学部新設問題などを抱えているが、トランプ政権もロシア疑惑を抱えており、しかも、こうした疑惑をごまかし、選挙勝利至上主義から民主主義の統治機構を破壊する行動をとっている点でも日米両政権は共通している。しかし、互いの利害も外交の手法も共通しているわけではない。

　トランプ大統領の外交政策の多くは、「ポピュリズム（大衆迎合政治）」と「ビジネスマンのディール（取引）」の手法によっている。前者の「ポピュリズム」は、トランプ自身がロシア疑惑で厳しい追及を受けているがゆえに一層強くなる。そこから「米国第一主義」を掲げ、自分こそが強いアメリカを再現している（great America again!）ことを印象づけようとする。

　それゆえ、トランプ大統領の「ビジネスマンのディール」的手法を貫くのは、アメリカの「力の誇示」である。相手に制裁措置をちらつかせ、要求をふっかける。もしアメリカの要求を飲まなければ、それを躊躇なく実行する。相手が妥協してくれば、それで合意を作る。その自己利益最大化の主張は露骨な「自己都合主義」であるが、それが「米国第一主義」であり、「強いアメリカ」を印象づけるような仕掛けになっている。こうしたトランプ大統領の外交手法は、知的エリートによって展開されてきた従来の共和党・民主党の政策スタンスとは違ったものなので、外交専門家を驚かせて懐疑と混乱に陥れるのである。

　実は、トランプ大統領のこうした手法が生まれた背景は、1990年代のクリントン政権にまでさかのぼることができる。それまで米民主党は自動車・鉄鋼など重化学工業の労働者を中心としたニューディール連合を基盤としていたが、共和党が議会多数派になった状況で、クリントン政権は相手の共和党の支持基盤を食い取っていく戦略をとった。具体的には、ゴア副大統領を軸に「情報

スーパーハイウェイ構想」を立てさせて先端産業であった IT（情報通信）産業を取り込み，ウォール街からゴールドマンサックスの共同会長だったロバート・ルービンを財務長官に迎え入れて金融自由化へと舵を切った。そして IT と金融をバックにして，規制緩和と経済自由化を強いる財務省・ウォール街・IMF 世銀の「ワシントン・コンセンサス」が発展途上国にも「強制」され，情報の独占と金融自由化を基軸とした「グローバリゼーション」が展開されていった。同時に，1992年に北米自由貿易協定（NAFTA）に署名し1994年に発効させた。

しかし，こうした政策は国内産業を空洞化させ，白人貧困層を作り出し，貧富の格差を大きくしていった。リーマン・ショックで，GMAC を通じて金融業にのめり込んでいった GM（ゼネラルモーターズ）の倒産はその象徴的事件であった。それゆえ2017年大統領選では，民主党内部において，ヒラリー・クリントン候補はウォール街から多額の献金を受け取っている彼らの利害代弁者と見なされ，「民主社会主義者」を自称するサンダース候補が彼女に対抗して，米民主党の支持基盤における「分断」が露呈した。

逆転が始まった。今度は，トランプ陣営が従来の民主党の基盤であったニューディール連合（重化学工業地帯の労働者あるいは失業者）に食い込み，その不満のエネルギーを「米国第一主義」を掲げて吸収しようとしたからである。そして，トランプ陣営はラストベルト（ペンシルバニア州・ミシガン州・オハイオ州・ウィスコンシン州などの錆びた重化学工業地帯）で勝利し，全体で得票数で負けながら代理人数で上回り辛勝した。いまやロシア疑惑を抱えて，2018年11月の中間選挙での勝利あるいは2020年の大統領選での再選が至上命題になったトランプ大統領は，ラストベルトの有権者たちの代弁者であることを示さなければならなくなった。

ところが，2018年の3月に行われた，米東部の「鉄鋼の街」ペンシルベニア州ピッツバーグ郊外にある連邦下院第18選挙区の補欠選挙で共和党候補が敗北し議席を失った。まさに，この選挙を契機にして，新たに鉄鋼関税25％とアルミ関税10％を課す保護関税が打ち出された。ちなみに，ウィルバー・ロス商務長官は鉄鋼メーカーのアルセロール・ミタルの役員を務めていたが，そのミタルは中国の鉄鋼輸出攻勢によって米国内の鉄鋼業が打撃を被っている。

次に，知的所有権侵害を理由にして，1,100品目500億ドルに及ぶ中国への「制裁」関税を実施した。ちょうど1980年代後半から1990年代初めに日米半導体協定で日本の先端産業を潰したように，この分野での中国の台頭を阻止する意図が隠されている。もちろん，中国は日本のように簡単に譲歩するとは考えられない。とはいえ，米キニピアック大学の世論調査によれば，鉄鋼・関税に対して反対が5割に達しているものの，中国製品への「制裁」関税については52％の支持を得ており（「鉄鋼関税，半数が反対＝中国製品には課税を──米世論調査」時事通信，2018年6月9日），簡単には決着がつきそうにない。

状況は次第に「貿易戦争」の様相を呈してきている。鉄鋼・アルミ関税に対しては，EUは2018年7月より，バーボン・ウイスキーやオートバイ，オレンジジュースなど計28億ユーロ（3,600億円）相当の製品に対して報復関税を課し，同時に鉄鋼に関してセーフガード（緊急輸入制限措置）をとった。中国もアメリカの第3弾の制裁関税に対抗して，計600億ドル相当の米国製品に5〜10％の輸入関税を上乗せする報復措置をとった。にもかかわらず，トランプ大統領は「米国第一主義」を貫き，今度は自動車関税を課そうと検討していると報じられている（Andrew Mayeda, Ryan Beene「トランプ政権，自動車輸入の調査開始──新たな関税につながる可能性」ブルームバーグ，2018年5月24日）。

## （2）北朝鮮とイランでの対照

北朝鮮対応とイラン対応の違いも，トランプの「ポピュリズム」的手法によると考えられる。2018年6月12日に行われた米朝首脳会談を含むトランプ大統領の北朝鮮対応について，CNNの世論調査によると，米国民の52％が支持している（CNNの委託を受けて世論調査会社SSRSが実施し，2018年6月19日に公表）。核弾頭を積載した大陸間弾道ミサイルの脅威を取り除くことは有権者全体に受け入れられやすい。

その一方で，エルサレムをイスラエルの首都として大使館を移転させ，イラン核合意から離脱し，さらにトランプ政権は日本や中国，EUなどに対して，2018年11月4日までにイランからの原油輸入を停止するように要求した（「イラン原油の禁輸回避を連携して探れ」『日本経済新聞』2018年7月3日付）。そして11月5日に発動した。企業はイランと取引をすれば，アメリカには輸出できな

い。イランの銀行と取引したら銀行はドルの決済システムから排除されるといった強硬な措置を含む。それは再び発動する対イラン制裁の一環だとする。これらのイラン制裁によって，ユダヤ人ロビーおよびキリスト教原理主義者たちの支持を得ようとするとともに，中東地域に政治的・軍事的緊張を作り出すことによって石油価格を上昇させ，アメリカの石油メジャーやシェールオイル業者の利益を誘導していることは明らかであろう。

　もちろん北朝鮮の「非核化」についても，北朝鮮は独裁国家であり，トランプ大統領もいうことがしばしば変化し，さらに米朝間で平和条約を結ぶには最終的にアメリカ議会の承認を必要とする以上，楽観はできないことは確かである。米朝首脳会談と共同声明に関して，CVID（完全かつ検証可能で不可逆的な非核化）が明記されておらず，米韓共同軍事演習を中止したことが批判されている。しかし，むしろこの点にこそ米朝会談の画期的な意義がある。北朝鮮がいまだに朝鮮戦争の休戦中にあり，戦時体制下にある軍事国家であり，証拠なしに行われたイラク戦争やリビアで起きた既存体制の「暴力的転覆」が彼らを「瀬戸際外交」に走らせてきたからである。今回は，とりあえず「冷戦」＝「戦争状態」という条件を取り除くことに一歩踏み出した意義は大きい。

　戦争状態を終結させようとする交渉姿勢は，冷戦型の思考が残る既存の政治家・外交専門家ではできなかっただろう。彼らのように軍事的圧力を強調すればするほど，北朝鮮を追い込み戦争リスクを高めることになり，その軍事的緊張関係を政治的に利用するという悪循環から抜け出られない。とりあえず「戦争状態」から抜け出ることが一歩となるが，外交の「素人」であるトランプでしかその一歩を踏み出すことができなかったのである。

## （3）戦後秩序への攻撃

　「強いアメリカを再び」というかけ声とは裏腹に，トランプ政権がアメリカの力を低下させる可能性がある。トランプ政権による「米国第一主義」の外交は，戦後のアメリカ支配を堀り崩し，かえって地位低下を招く面があるからである。「強力」と「同意」という両面からみれば，「強いアメリカ」を演出することに執着するトランプ政権は，主要な閣僚を軍人が占めており，「強力」に依存する度合いが高い。トランプ大統領は，ロシアと核大国同士の軍事的均衡

で世界を支配できると考えているようにみえるが，事はそれほど単純ではない。現状におけるアメリカの軍事力とドルの「強さ」に依存した戦略は必ずしも成功するかどうか疑わしい。

　トランプ政権は EU の力を弱めようとする動きを強めている。NATO に関する負担忌避は，クリミアを含むウクライナへのロシアの勢力拡大に対抗する EU の力を削ぐ一方，ロシアのプーチン政権は国民戦線のマリーヌ・ルペン党首やオーストリア自由党などの EU 解体を主張する極右勢力を支援していると報じられている ("Populist Disruptors are Dismantling the World Order" Newsweek 2016.12.4)。当然，EU 諸国の反発を生じさせる。イラク制裁でも欧州諸国との合意を一方的に破棄するとともに，イラクの銀行と取引すれば，ドルの決裁システムから排除するというやり方は，ドルの地位を落としかねないリスクを伴う。それだけではない。

　戦後のアメリカが覇権を確立した１つは，自由貿易の旗を掲げて自国の市場を開いて世界経済を牽引してきたことであった。それがドルを国際通貨として認める背景となった。もう１つは，第二次世界大戦においてナチスドイツによるユダヤ人の迫害を解放し，戦後の自由と民主主義といった価値を自ら体現してきた。そして，これらによる先進主要国の「同意」の調達である。

　トランプ大統領の一方的な鉄鋼・アルミ関税や中国への制裁関税は，米国支配の戦後レジームを正統化してきた「自由貿易」体制を損ねるだけでなく，戦後に同盟関係にあった欧州諸国との対立を生じさせている。実際，2018年6月8～9日のカナダのケベックで行われた G7 サミットはアメリカと欧州・カナダの間に深刻な対立が表面化した。そして，いまや中国がアメリカに代わって「自由貿易」を主張するようになっている。戦前に回帰するかのようにトランプ政権が打ち出す「貿易戦争」は，世界経済の縮小を招きかねない。そうした事態が発生すれば，アメリカは世界経済の「破壊者」となりうる。

　「自由と民主主義」の守り手としてのアメリカの地位も危うい。トランプ大統領の移民制限政策だけではない。アメリカは，かつてナチスドイツに迫害されたユダヤ人を救済することで，その道徳的優位を得た。しかし，戦後生まれた「ユダヤ人国家」のイスラエルは，いまやパレスチナ人を迫害するようになっている。エルサレムをイスラエルの首都として一方的に承認し大使館を移

転し，イラン核合意からの一方的離脱は，こうした迫害を正当化することになりかねない。これも同盟関係にある欧州諸国と対立する。またトランプ大統領はメキシコ移民を強く排斥するのに対して，かつてユダヤ人を迫害したドイツが移民に寛容になっている。ここでも立場の逆転が生じているのである。

「自由貿易」を掲げ続け，自らの市場を開放してきた戦後アメリカの秩序に組み込まれることによって経済成長するという思考法から抜け出られない自民党政権にとって，トランプ政権の「米国第一主義」の強引な手法によってきわめて厳しい選択に迫られる。これ以上の「妥協」は自国の産業にとって命取りになりかねないところまで追い込まれているからである。国際的に通用する論理で主張すべきは主張し，その主張の正当性で競い合う外交姿勢が必要となってくるが，残念ながら，日銀の金融緩和でひたすら古い産業構造を維持するだけで，縁故資本主義で公正なルールに欠けた，安倍政権の無責任体制からはそうした政治姿勢が生まれる見込みはなさそうにみえる。バブル崩壊以降，自公政権は財政金融政策でようやく経済成長率をもたせてきたが，日米貿易交渉でさらなる大きな譲歩を行えば，次第に兆候が現れてきている貿易黒字の縮小が進み，外国人投資家が国債を保有するようになったときに，日本の長期衰退が一気に表面化することになるだろう。

### ディスカッション

① 世界中で，ポピュリズムの政治が広がっている。それは戦後の政治経済秩序にどのような影響をもたらすか，考えてみよう。
② トランプ政権が仕掛ける貿易戦争のなかで，日本にはどのような道がありうるだろうか。外交と内政についてそれぞれ考えてみよう。

### 参考文献

アイケンベリー，G. ジョン，2012，細谷雄一監訳『リベラルな秩序か帝国か――アメリカと世界政治の行方 上・下』勁草書房.
シュムペーター，ヨーゼフ，1995，中山伊知郎・東畑精一訳『資本主義・社会主義・民主主義』東洋経済新報社.
ネグリ，アントニオ／マイケル・ハート，2003，水嶋一憲ほか訳『〈帝国〉――グローバル化の世界秩序とマルチチュードの可能性』以文社.

【金子 勝】

# 第6章　AIIBは中国にとってどのような意味をもつか？

　本章では，AIIBの設立の意義とこれまでの活動について考察する。AIIBはいくつかの点（ガバナンス，融資政策，ドナー関係，「一帯一路」構想との関係）で潜在的な問題を抱えて出発したが，開業後2年8か月経過した時点で，これらはどう評価できるのだろうか。
　アジアにおけるインフラ・ファイナンスの手法として，日本政府は「質」の高いインフラ支援を打ち出しているが，そのための枠組みをどう整備していくか，AIIBプロジェクトをどのように国際基準に取り込んでいくか，といった課題に焦点を当てる。そこから，中国がどのように新たな世界秩序を構築しようとしているのか，示唆が得られよう。

## 1　はじめに

　中国の習近平国家主席は2013年10月に，アジアインフラ投資銀行（AIIB）の構想を提唱した。14年には AIIB 参加に関心をもつ諸国と交渉を始め，早くも15年6月にはアジア諸国やイギリス，ドイツ，フランスなど創設メンバー候補国57か国が設立協定（AOA: Articles of Agreement）に調印した。同年12月25日には AIIB が正式に発足し，16年1月に開業した。中国が最大の株主として主導し，本部を北京とし，中国人が初代総裁となる，資本金1,000億ドルの新たな多国間開発金融機関が業務を開始したのである。18年8月には，アジアやアフリカの新興諸国や発展途上諸国だけでなく，日米を除く先進主要7か国（G7）など先進諸国も加わり，加盟メンバーは87か国・地域に達している。

AIIBの目的は，アジアのインフラ建設や交通・通信・エネルギーインフラを通じた各国間の物理的な連結性を強化し，経済発展と統合を支援することである。AIIB設立の動きは，巨額のインフラ資金を必要とするアジアの新興国・途上国の間で歓迎されている。これに対して，米国と日本はAIIB設立の動きに警戒感を示し，とりわけ米国は，参加を検討していたイギリス，韓国，オーストラリアなどに参加見合わせを促した（しかしそれは功を奏さなかった）ともいわれる。

米国や日本が警戒したのは，中国がインフラ投資を通じて，アジア諸国を取り込み，広域経済圏構想「一帯一路」（陸のシルクロード，海のシルクロード）構築など中国を中心とした勢力圏作りにAIIBを利用しようとするのではないかという疑念をもったからである。また米国は，自らが主導してきた国際通貨基金（IMF）や世界銀行を軸にした国際金融秩序に中国が挑戦していると受け止めた。歴代総裁をアジア開発銀行（ADB）に送ってきた日本も，AIIBの設立はADBに競合するものではないかとして，米国とともに参加を見送った。

中国は2014年7月には，ブラジル，ロシア，インド，南アフリカとともに，BRICS新開発銀行や緊急外貨準備アレンジメントを設立した（開業は15年7月）。加えて，人民元をIMFの特別引き出し権（SDR）の構成通貨として含むよう働きかけ，IMF理事会は15年11月に人民元をSDRに組み込むことを承認し，16年10月から新規SDRバスケットが発効した。世界金融危機を契機に，中国をはじめとする新興国の経済的なシェアが高まり，G7だけでは世界の経済・金融問題に対処できず，新興国を含む主要20か国・地域（G20）が国際政策協調の場として重要な役割を果たすようになった。こうした状況を反映して，国際金融システムも米国とG7を中心とした体制から中国など新興国も重要な役割を果たす多極化体制の方向に向かいつつある。AIIBの設立は，こうした世界的な変貌を象徴する出来事だといえる。

## 2 中国はなぜAIIBを創設したか

中国の習近平国家主席は，2013年10月のアジア太平洋経済協力（APEC）会議でAIIBの構想を提唱し，14年10月にはAIIB参加に関心をもつ21か国（中国

を含む）が北京で設立合意書（MOU）を交わした。同年11月には，中国とASEAN 10か国を含む計22か国が設立協定（Articles of Agreement）の作成プロセスを開始した。中国が，創設メンバーとして参加するための締め切りを15年3月末と設定したことから，その後 MOU を交わす国の数が急増した。とりわけ，3月にイギリスがG7国として初の参加を表明し，フランス，ドイツ，イタリアも次々と参加表明した。最終的には創設メンバー候補国は57か国となり，これら諸国は設立協定の作成に向けた交渉を進め，その多くが6月末に設立協定を調印した。その後は，創設メンバー候補国の間で AIIB の運営方式についての協議が行われるとともに，各国で AIIB 参加のための批准等に向けた国内手続きが進められた。同年12月25日には，17か国が批准し AIIB への出資比率が50％を超えたことで，新たな多国間開発金融機関である AIIB が正式に発足した。参加を表明した57か国のうち56か国が調印を完了し，年末には残りの1か国も調印することを表明した。16年1月には，中国が最大の株主となり，本部を北京とし，金立群氏が初代総裁となる，資本金1,000億ドルの AIIB が活動を開始したのである。

　中国が AIIB の創設に動いた理由として4点あげることができる。

　第1は，アジアには膨大なインフラ需要があるものの，世界銀行や ADB などの既存機関だけではアジアのインフラ需要を満たせず，AIIB が新たに加わることで，より多くのインフラ資金を，途上国の視点から投入できることである。2009年の ADB‒ADBI の報告書『シームレス・アジアに向けたインフラストラクチャー』（ADB‒ADBI 2009）では，10年から20年の期間にアジアの発展途上諸国（32か国）において，年間7,500億ドル（2008年価格）のインフラニーズがあるとされた。17年の最新の ADB の報告書『アジアのインフラ需要への対応』（ADB 2017）によれば，16～30年の期間に，アジアの発展途上諸国（45か国）で，気候変動の削減・適応の費用を含めた場合，年間1.7兆ドルを超えるインフラ投資ニーズが存在すると予測される。このインフラニーズは巨額なもので，インフラ投資のギャップ（インフラ投資ニーズと実際のインフラ投資額の差）は，16～20年の期間で，対 GDP 比2.4％となり，中国を除くと対 GDP 比5％以上になる。また，世界銀行や ADB など多国間開発金融機関によるインフラ投資のファイナンスはインフラ投資額全体の2.5％にしかすぎない。

第2に，中国をはじめ新興諸国は経済力を高めてきたにもかかわらず，既存の国際金融機関のなかで十分な発言権が与えられていないという事情がある。既存の機関は欧米主導の枠組みであり，新興国がより多くの資本を拠出して発言力を高めようとしてもそれを阻まれることへの不満がある。たとえば，2010年に新興国の発言権強化で合意した IMF 改革は，実質的な拒否権を有する米国での国内承認の遅れから発効が大幅に遅れ，16年1月にようやく実現した。こうしたことから，途上国の視点を重視した国際金融機関の改革を行おうとしても限界があるとして，中国は自身で国際金融機関を設立したといってよい。
　第3に，世界第二の経済大国になった中国は，自ら得意とするインフラ開発を通じてアジアの経済発展や経済統合を主導したいという欲求をもっていたことがあげられる。欧米諸国は IMF や世界銀行を運営し，日本は米国の支持の下で ADB を運営しているが，中国は経済力・資金力をつけてきたにもかかわらず，自らが運営する国際金融機関をもっていない。
　中国による AIIB の設立は，50年以上前の日本による ADB の設立（1966年）の状況に似ているところがある。日本は68年に西ドイツを抜いて世界第二の経済大国になったが，その前から ADB を設立するための努力に取り組んだ。アジアの経済発展のためには，アジアによる開発金融機関が必要だと考え，日本が主導したのである。当初，米国は「多国間の開発金融機関としてはすでに世界銀行があり，業務の重複を考えると ADB は必要ない」という立場をとった。しかし，日本政府は ADB 設立に賛同するアジア諸国を募りアジア極東経済委員会（ECAFE：Economic Commission for Asia and the Far East. 1974年にアジア太平洋経済社会委員会（ESCAP：Economic and Social Commission for Asia and the Pacific）に改称）の支持を得て，米国と粘り強く交渉したことから，米国も最終的には日本と同じ議決権シェアをもつこと，恒久的に副総裁を送ることなどを条件に，ADB の設立を承認したのである。
　中国は2010年に日本を抜いて世界第二の経済大国になり，13年に AIIB の設立のための努力を開始した。交通，電力，エネルギー，ICT などインフラ建設をテコにした自国の経済発展の成功の経験から，中国は途上国への開発支援に自信をつけていた。それまでも二国間ベースで多くの途上国に対するインフラ開発支援を行っており，それを背景に AIIB という多国間開発金融機関の設

立を進めたといってよい。

　第4に，国内の成長率が傾向的に鈍化する中国は，インフラビジネスや過剰生産物の輸出の拡大，資源の確保などアジア全域に活路を求めており，自国の対外的な経済環境を強化するための一環として，二国間協力に加えて，多国間機関を位置づけようとしたことがあげられる。AIIB はまた，中国の広域経済圏構想「一帯一路」の構築，つまり中国から欧州まで周辺国と共同で陸と海の2つのルートで交通インフラ網を整備するシルクロードの構築にも貢献するものとしてとらえられている。

　要するに AIIB は，中国が自らの増大しつつある経済力・金融力に見合うかたちで，かつ多国間の枠組みで，アジアの経済発展と経済統合を主導しようとする試みである。中国の経済規模は今後も着実に成長を続け，2030年までには米国の経済規模（米ドルベースの名目 GDP）と並び，追い越す可能性が高い。そうした中国はますます国際的な影響力を高めていくことになる。AIIB は，建設的にみれば，中国が多国間の枠組みで国際公共財を提供するものであり，国際的な基準・ルールに則った責任ある行動をとるのであれば，それは望ましい。

## 3　AIIB に関する当初の懸念

　日本と米国は「AIIB は公正なガバナンス（統治）の確保，環境や社会に対する影響への配慮，債務の維持可能性などの面で国際的に確立したスタンダード（標準）にもとづくことが重要だ」との認識で一致し，その条件が確保されるかどうか保証がないとの観点から，参加を見送ってきた。創設メンバーになったイギリス，ドイツ，フランス，イタリアといった欧州の G7 諸国やオーストラリアなどは，自ら AIIB のなかに入って，AIIB を既存の国際金融秩序のなかに取り込んでいく道を選択した。日・米は AIIB の外部から，ガバナンスや融資政策・基準が国際的な標準に近づけるよう圧力をかける，という立場をとっている。

　第1に，AIIB のガバナンスについては，現状では，中国の出資比率（これが基本的に議決権を決める）は31％，議決権比率は26％と圧倒的に大きく，それに対抗できる国はいない（表6-1）。これは他の主要な国際金融機関における最

第6章 AIIB は中国にとってどのような意味をもつか？

表6-1 AIIB の出資比率と議決権比率の現状とシナリオ推計（%）

|  | 現状（67か国） | | 日本参加のケース | | 日本と米国参加のケース | |
|---|---|---|---|---|---|---|
|  | 出資比率 | 議決権比率 | 出資比率 | 議決権比率 | 出資比率 | 議決権比率 |
| アジア域内諸国 | 77.1 | 75.4 | 79.7 | 77.9 | 75.0 | 73.8 |
| 中国 | 30.7 | 26.4 | 27.2 | 23.7 | 25.6 | 22.5 |
| 日本 | - | - | 11.5 | 10.1 | 10.8 | 9.6 |
| インド | 8.6 | 7.6 | 7.6 | 6.8 | 7.2 | 6.5 |
| ロシア | 6.7 | 6.0 | 6.0 | 5.4 | 5.6 | 5.1 |
| 韓国 | 3.9 | 3.5 | 3.4 | 3.2 | 3.2 | 3.0 |
| オーストラリア | 3.8 | 3.5 | 3.4 | 3.1 | 3.2 | 3.0 |
| インドネシア | 3.5 | 3.2 | 3.1 | 2.9 | 2.9 | 2.7 |
| トルコ | 2.7 | 2.5 | 2.4 | 2.3 | 2.2 | 2.1 |
| サウジアラビア | 2.6 | 2.5 | 2.3 | 2.2 | 2.2 | 2.1 |
| 域外諸国 | 22.9 | 24.6 | 20.3 | 22.1 | 25.0 | 26.2 |
| 米国 | - | - | - | - | 11.9 | 10.5 |
| 欧州連合 | 19.9 | 20.5 | 17.6 | 18.5 | 11.4 | 12.9 |
| ドイツ | 4.6 | 4.2 | 4.1 | 3.7 | 2.6 | 2.5 |
| フランス | 3.5 | 3.2 | 3.1 | 2.9 | 2.0 | 1.9 |
| イギリス | 3.1 | 2.9 | 2.8 | 2.6 | 1.8 | 1.7 |
| イタリア | 2.6 | 2.5 | 2.3 | 2.2 | 1.5 | 1.5 |

注：現状は2018年8月27日時点での数字。出資比率は，2013～2014年の米ドルベースの名目GDP（市場レートによる米ドル換算）の平均値と国際ドルベースの名目GDP（PPP表示）の平均値の加重和で推計。議決権比率の推計には，基本議決権，比例議決権，創設メンバー議決権を考慮して作成。
出所：名目GDP（米ドルベース，国際ドルベースともに）は，IMF, World Economic Outlook database のデータより入手。

大出資国の出資比率と比べるときわめて高い。たとえば，IMF における米国の出資比率と議決権比率は17%，ADB における日米（同率）の出資比率と議決権比率は16%と13%であり，これらと比べ，AIIB の現状は中国の影響力がきわめて大きい機関である。実際，中国は議決権比率が26%で25%を上回るので，拒否権をもっている。

こうした状況は，日本や米国が AIIB に参加することである程度変わる。日本が参加すると，日本の出資比率と議決権比率は11%と10%となり，中国のそれらは27%と24%にまで下がり，中国は拒否権を失うことになる。米国が参加した場合，どこまで域外諸国の出資比率が高まるかについて不確定性があるが，域外諸国の出資比率の上限が25%という想定の下で推計すると，日本の議決権は10%，米国のそれは10.5%となり，中国の議決権は22.5%にまで下がる。

いずれにしても，日本のみが参加した場合，単独では中国と対抗できないが，欧州連合（EU）と組めば議決権比率の合計は29％になり中国の比率を上回り，日・欧連携を通じて中国の行動をチェックできることになる。日・米が共に参加すると，日米欧の議決権比率の合計は33％となり，中国をさらに上回ることになる。公正なガバナンスを可能にするためには日本の参加が有用であることが示唆される。

　AIIB の組織運営・業務の透明性の確保については，たとえば世界銀行や ADB は個々の融資案件を本部常設の理事会で決めることになっているが，AIIB は理事会を置くものの本部に常設とはしていない。またこれまではすべての融資案件を理事会に諮って承認を求めていたが，2018年7月には，一定の基準を満たす案件については総裁の承認のみを求めるとし，総裁の権限を強める方向を打ち出している。これにより，運営コストや意思決定にかかる時間は削減できるが，融資案件や融資基準が中国の意向に左右される懸念が残る。AIIB の意思決定の透明性を高め，かつ業務や経営陣を効果的に監視するためには，やはり常設の理事会を本部に設け，すべての案件について理事会の承認を得ることが重要だ。

　第2に，AIIB のインフラ事業に関わる環境基準や社会基準は明確でなく，融資を受ける途上国で乱開発がなされて環境悪化が深刻化したり，開発地域の住民の人権が脅かされる懸念が指摘されている。

　ただし，途上国の間には，世界銀行や ADB の融資基準は厳しすぎるという声があるのも事実だ。途上国が世界銀行や ADB の厳格な環境・社会基準をクリアすることは，制度・能力・資金の制約から難しい場合があるからである。そのため，途上国にとって本来望ましいプロジェクトでも，厳格な基準のために実現しないケースが生じうる。AIIB がこうしたギャップを埋めることに意味はあるが，その際，当該国の制度・能力を引き上げてより高い基準をクリアできるようにするための技術支援と組み合わせて事業を行うことが望ましい。そのような態勢を AIIB 内部に整えることが有用だろう。

　AIIB と既存の国際金融機関の間の協力を促すことも有効だ。世界銀行や ADB のインフラ案件に AIIB が資金を出す協調融資を促していくことで，AIIB の基準を国際的な標準に一致させられるからである。かつ，その分，世界銀行

や ADB は質の高いプロジェクト・パイプラインをさらに開発できることになる。実際，AIIB は既存の国際金融機関との協調融資を積極的に行っているが，AIIB 単独の融資案件もいくつかの途上国でみられる。

第 3 に，途上国が国際金融機関からインフラ事業のための借り入れを行うと，対外債務が積み上がる。問題は，途上国のマクロ的な債務負担能力を超えて AIIB から過大な融資が行われると，世界銀行や ADB など他の金融機関への返済が滞るおそれが生じることだ。債務の維持可能性については，IMF が各国を横断的に分析しており，AIIB はそうした IMF の分析を利用することで，持続可能な範囲でインフラ事業を進めることが望ましい。

実際こうした問題は，「一帯一路」プロジェクトで往々にしてみられている。これまで，中国と融資先のアジア諸国との債務をめぐる摩擦がいくつか伝えられている。スリランカでは，ハンバントタ港の建設に必要な費用の大半が中国からの融資で賄われたが，債務負担が高まり，債務軽減と引き換えにスリランカ政府は株式の70％を中国国有企業に99年間貸与することになった。そのため，中国側が同港の運営権を99年間にわたって得た。こうした事態は，中国による経済的な植民地だと批判され，借入国で反中感情を高めている。同様の過剰債務の問題が AIIB プロジェクトで起こらないようにしていくことが必要だ。

第 4 に，「一帯一路」構想は，中国がアジアにおける政治的・地政学的な勢力圏を拡大させるための外交上の手段であり，それを通じて既存の国際秩序に挑戦しようとしているのではないか，AIIB もそのための道具の 1 つとして用いられるのではないか，といった懸念がもたれている。習近平国家主席が AIIB の設立を提唱した際には，「一帯一路」構想を大枠として示しており，AIIB も「一帯一路」の建設に貢献するものだと位置づけられているからである。

## 4　AIIB の活動と評価

AIIB は，膨大なインフラ需要が存在するアジア地域でインフラ開発を進めるために，世界第二の経済大国である中国の主導で設立された国際金融機関である一方，「一帯一路」構想を支える金融機関とみなされている。ここでは，

第Ⅱ部　アジアの動きと日本の未来

AIIB がどのような役割を果たしているのかについて，2年8か月におよぶ活動を概観し評価する。

### (1) AIIB の活動

　AIIB は2016年1月に業務を開始したが，開業以来2018年8月までに13か国・1地域の計29件のプロジェクトに対して，54億7,000万ドルの投融資を承認している（表6-2）。このうち16年中は9件のプロジェクト（17億3,000万ドル），17年には15件のプロジェクト（25億9,000万ドル），18年には5件のプロジェクト（11億5,000億ドル）をそれぞれ承認した。

　表6-2に示されているように，2016年1月～18年7月の2年7か月の間に，インドが7件（13億1,000万ドル）と最大規模の融資を受けており，インドネシアの4件（6億9,000万ドル），アゼルバイジャンとトルコの各1件（6億ドル），オマーンの3件（5億4,000万ドル）と続いている。2017年末には中国へのエネルギー分野への融資1件（2億5,000万ドル）が承認された。また，新興アジア向けとして多部門融資が1件（1億5,000万ドル）承認されている。部門別でみると，エネルギー部門が12件（25億8,500万ドル），交通部門が8件（13億4,650万ドル），多部門が4件（5億2,500万ドル）となっている。

　また，多くのプロジェクトが世界銀行や ADB など既存の国際金融機関との協調融資となっている。全体の29件中19件（38億1,560万ドル）が既存の国際機関との協調融資である。これら既存の国際機関が関わらない融資は10件（16億5,420万ドル）であり，件数では全体の約3分の1，金額では全体の30％にあたる。興味深いのは，オマーン，中国，バングラデシュへの融資が既存国際機関の関わらない案件となっている。とりわけ，オマーンでは交通，通信分野の3件，バングラデシュではエネルギー部門の3件が AIIB 単独の融資案件として進められている。

　AIIB が2015年末に設立された際は，57か国が創設メンバーとされたが，実際に加盟手続きをとって正式な加盟国になっていたのは，18か国にすぎなかった。16年1月の業務開始時には，30か国が正式加盟国になった。その後，未加盟の創設メンバーの多くが次々と加盟手続きをとって正式加盟国になっただけでなく，新規加盟を申請し承認される国が相次ぎ，加盟国数が急速に増大した。

第6章　AIIBは中国にとってどのような意味をもつか？

表6-2　AIIBプロジェクトの国別・部門別配分：2016年1月～2018年7月
（件数，括弧内百万ドル）

| 国・地域/部門 | エネルギー | 交通 | 多部門 | 水 | 都市開発 | 通信 | 総額 |
|---|---|---|---|---|---|---|---|
| インド | 2(160;100) | 3(329;335;140) | 2(150以下;100) | | | | 7(1,314以下) |
| インドネシア | | | 1(125) | 1(250) | 2(216.5;100) | | 4(691.5) |
| アゼルバイジャン | 1(600) | | | | | | 1(600) |
| トルコ | 1(600) | | | | | | 1(600) |
| オマーン | | 2(36;265) | | | | 1(239.2) | 3(540.2) |
| パキスタン | 1(300) | 1(100) | | | | | 2(400) |
| バングラデシュ | 3(165;60;60) | | | | | | 3(285) |
| 中国 | 1(250) | | | | | | 1(250) |
| エジプト | 1(210以下) | | | | | | 1(210以下) |
| フィリピン | | | | 1(207.6) | | | 1(207.6) |
| 新興アジア | | | 1(150) | | | | 1(150) |
| ジョージア | | 1(114) | | | | | 1(114) |
| タジキスタン | 1(60) | 1(27.5) | | | | | 2(87.5) |
| ミャンマー | 1(20) | | | | | | 1(20) |
| 総額 | 12(2,585以下) | 8(1,346.5) | 4(525以下) | 2(457.6) | 2(316.5) | 1(239.2) | 29(5,469.8以下) |

注：アミかけでハイライトされた部分はAIIB単独のプロジェクト（現地政府や企業との協調融資を含む）。
　　薄いアミかけでハイライトされた部分は，最初のプロジェクトのみAIIBの単独プロジェクト。
出所：AIIBのウェブサイトから筆者作成（2018年8月25日現在）。

　その結果，18年8月には87か国が加盟国として承認され，うち正式加盟国は67か国（表6-3），加盟予定国は20か国にのぼった（表6-4）。ADBの加盟メンバーは67か国・地域（うち域内48メンバー，域外19メンバー）であり，近い将来にAIIBの正式加盟メンバー数がADBの加盟メンバー数を超えるのはほぼ確実である。

　もう1点特筆すべきことは，AIIBが2017年6月から7月にかけて，世界の三大信用格付け機関（ムーディーズ・インベスターズ・サービス，フィッチ・レーティングス，スタンダード＆プアーズ）から相次いで最上位の信用格付けを得たことである。それによって，AIIBは国際資本市場でトリプルAの格付けで低利での外貨建て債券を発行して資金調達を行えるようになった。ムーディーズは，AIIBにAaa（トリプルA）の格付けを付与した理由として，AIIBの「資本基盤の大きさ」や「リスク管理，自己資本，流動性に関する政策など，ガバナンスの枠組みの強さ」をあげた。18年8月の時点で，AIIBはまだ債券発行を行っていないが，遅かれ早かれ債券発行を行うはずである。

表6-3　AIIBの正式加盟国・地域の出資金・出資比率と議決権数・議決権比率

| 域内加盟国・地域 (44) | | | | | 域外加盟国・地域 (23) | | | | | |
|---|---|---|---|---|---|---|---|---|---|---|
| 域内加盟国・地域 | 加盟日 (年.月.日) | 出資金 金額(百万米ドル) | 出資比率(%) | 議決権 議決権数 | 議決権比率(%) | 域外加盟国・地域 | 加盟日 (年.月.日) | 出資金 金額(百万米ドル) | 出資比率(%) | 議決権 議決権数 | 議決権比率(%) |
| アフガニスタン | 2017.10.13 | 86.6 | 0.0892 | 2,907 | 0.2551 | オーストリア | 2015.12.25 | 500.8 | 0.5160 | 7,649 | 0.6711 |
| オーストラリア | 2015.12.25 | 3,691.2 | 3.8030 | 39,553 | 3.4703 | カナダ | 2018.03.19 | 995.4 | 1.0256 | 11,995 | 1.0524 |
| アゼルバイジャン | 2016.06.24 | 254.1 | 0.2618 | 5,182 | 0.4547 | デンマーク | 2018.01.15 | 369.5 | 0.3807 | 6,336 | 0.5559 |
| バーレーン | 2018.08.27 | 1,036.0 | 1.0674 | 12,401 | 1.0880 | エジプト | 2016.08.04 | 650.5 | 0.6702 | 9,146 | 0.8025 |
| バングラデシュ | 2016.03.22 | 660.5 | 0.6805 | 9,246 | 0.8112 | エチオピア | 2017.05.13 | 45.8 | 0.0472 | 2,499 | 0.2193 |
| ブルネイ | 2015.12.25 | 52.4 | 0.0546 | 3,165 | 0.2777 | フィンランド | 2016.01.07 | 310.3 | 0.3197 | 5,744 | 0.5040 |
| カンボジア | 2016.05.17 | 62.3 | 0.0642 | 3,264 | 0.2864 | フランス | 2016.06.16 | 3,375.6 | 3.4778 | 36,397 | 3.1934 |
| 中国 | 2015.12.25 | 29,780.4 | 30.6824 | 300,445 | 26.3607 | ドイツ | 2015.12.25 | 4,484.2 | 4.6200 | 47,483 | 4.1661 |
| キプロス | 2018.06.25 | 20.0 | 0.0206 | 2,241 | 0.1966 | ハンガリー | 2017.07.16 | 100.0 | 0.1030 | 3,041 | 0.2668 |
| フィジー | 2017.12.11 | 12.5 | 0.0129 | 2,166 | 0.1900 | アイスランド | 2016.03.04 | 17.6 | 0.0181 | 2,817 | 0.2472 |
| ジョージア | 2015.12.25 | 53.9 | 0.0555 | 3,180 | 0.2790 | アイルランド | 2017.10.23 | 131.3 | 0.1353 | 3,354 | 0.2943 |
| 香港 | 2017.07.07 | 765.1 | 0.7883 | 9,692 | 0.8504 | イタリア | 2016.07.13 | 2,571.8 | 2.6497 | 28,359 | 2.4882 |
| インド | 2016.01.11 | 8,367.3 | 8.6207 | 86,314 | 7.5731 | ルクセンブルグ | 2015.12.25 | 69.7 | 0.0718 | 3,338 | 0.2929 |
| インドネシア | 2016.01.14 | 3,360.7 | 3.4625 | 36,248 | 3.1804 | マダガスカル | 2018.06.25 | 5.0 | 0.0052 | 2,091 | 0.1835 |
| イラン | 2017.01.16 | 1,580.8 | 1.6287 | 18,449 | 1.6187 | マルタ | 2016.01.07 | 13.6 | 0.0140 | 2,777 | 0.2437 |
| イスラエル | 2016.01.15 | 749.9 | 0.7726 | 10,140 | 0.8897 | オランダ | 2015.12.25 | 1,031.3 | 1.0625 | 12,954 | 1.1366 |
| ヨルダン | 2015.12.25 | 119.2 | 0.1228 | 3,833 | 0.3363 | ノルウェー | 2015.12.25 | 550.6 | 0.5673 | 8,147 | 0.7148 |
| カザフスタン | 2016.04.18 | 729.3 | 0.7514 | 9,934 | 0.8716 | ポーランド | 2016.06.15 | 831.8 | 0.8570 | 10,959 | 0.9615 |
| 韓国 | 2015.12.25 | 3,738.7 | 3.8519 | 40,028 | 3.5120 | ポルトガル | 2017.02.08 | 65.0 | 0.0670 | 3,291 | 0.2887 |
| キリギスタン | 2016.04.11 | 26.8 | 0.0276 | 2,909 | 0.2552 | スペイン | 2017.12.19 | 1,761.5 | 1.8149 | 20,256 | 1.7772 |
| ラオス | 2016.01.15 | 43.0 | 0.0443 | 3,071 | 0.2694 | スウェーデン | 2016.06.23 | 630.0 | 0.6491 | 8,941 | 0.7845 |
| マレーシア | 2017.03.27 | 109.5 | 0.1128 | 3,736 | 0.3278 | スイス | 2016.04.25 | 706.4 | 0.7278 | 9,705 | 0.8515 |
| マルジブ | 2016.01.04 | 7.2 | 0.0074 | 2,713 | 0.2380 | イギリス | 2015.12.25 | 3,054.7 | 3.1472 | 33,188 | 2.9119 |
| モンゴル | 2015.12.25 | 41.1 | 0.0423 | 3,052 | 0.2678 | 域外加盟国・地域総額 | | 22,272.4 | 22.9470% | 280,467 | 24.6078% |
| ミャンマー | 2015.12.25 | 264.5 | 0.2725 | 5,286 | 0.4638 | 全加盟国・地域総額 | | 97,060.1 | 100.0000% | 1,139,748 | 100.0000% |
| ネパール | 2016.01.13 | 80.9 | 0.0834 | 3,450 | 0.3027 | | | | | | |
| ニュージーランド | 2015.12.25 | 461.5 | 0.4755 | 7,256 | 0.6366 | | | | | | |
| オマーン | 2016.06.21 | 259.2 | 0.2671 | 5,233 | 0.4591 | | | | | | |
| パキスタン | 2015.12.25 | 1,034.1 | 1.0654 | 12,982 | 1.1390 | | | | | | |
| フィリピン | 2016.12.28 | 979.1 | 1.0088 | 12,432 | 1.0908 | | | | | | |
| カタール | 2016.06.24 | 604.4 | 0.6227 | 8,685 | 0.7620 | | | | | | |
| ロシア | 2015.12.28 | 6,536.2 | 6.7342 | 68,003 | 5.9665 | | | | | | |
| サモア | 2018.04.03 | 2.1 | 0.0022 | 2,062 | 0.1809 | | | | | | |
| サウジアラビア | 2016.02.19 | 2,544.6 | 2.6217 | 28,087 | 2.4643 | | | | | | |
| シンガポール | 2015.12.25 | 250.0 | 0.2576 | 5,141 | 0.4511 | | | | | | |
| スリランカ | 2016.06.22 | 269.0 | 0.2771 | 5,331 | 0.4677 | | | | | | |
| タジキスタン | 2016.01.16 | 30.9 | 0.0318 | 2,950 | 0.2588 | | | | | | |
| タイ | 2016.06.20 | 1,427.5 | 1.4707 | 16,916 | 1.4842 | | | | | | |
| 東チモール | 2017.11.22 | 16.0 | 0.0165 | 2,201 | 0.1931 | | | | | | |
| トルコ | 2016.01.15 | 2,609.9 | 2.6890 | 28,140 | 2.5216 | | | | | | |
| アラブ首長国連邦 | 2016.01.15 | 1,185.7 | 1.2216 | 14,498 | 1.2720 | | | | | | |
| ウズベキスタン | 2016.11.30 | 219.8 | 0.2265 | 4,839 | 0.4246 | | | | | | |
| バヌアツ | 2018.03.06 | 0.5 | 0.0005 | 2,046 | 0.1795 | | | | | | |
| ベトナム | 2016.04.11 | 663.3 | 0.6834 | 9,274 | 0.8137 | | | | | | |
| 域内加盟国・地域総額 | | 74,787.7 | 77.0530% | 859,281 | 75.3922% | | | | | | |

注：データは2018年8月27日現在。
出所：AIIB ウェブサイト（https://www.aiib.org/en/about-aiib/governance/members-of-bank/index.html）。

第6章 AIIBは中国にとってどのような意味をもつか？

表6-4 AIIBの加盟予定国（20か国）

| 域内加盟予定国（6か国）<br>（理事会で加盟が承認された日付） | 域外加盟予定国（14か国）<br>（理事会で加盟が承認された日付） |
|---|---|
| アルメニア（2017年3月23日）<br>クック諸島（2017年12月19日）<br>クウェート＊［2015年12月4日］<br>レバノン（2018年6月26日）<br>パプアニューギニア（2018年5月2日）<br>トンガ（2017年6月16日） | アルゼンチン（2017年6月16日）<br>ベラルーシ（2017年12月19日）<br>ベルギー（2017年3月23日）<br>ボリビア（2017年5月13日）<br>ブラジル＊［2015年6月29日］<br>チリ（2017年5月13日）<br>エクアドル（2017年12月19日）<br>ギリシャ（2017年5月13日）<br>ケニア（2018年5月2日）<br>ペルー（2017年3月23日）<br>ルーマニア（2017年5月13日）<br>南アフリカ＊［2015年12月3日］<br>スーダン（2017年3月23日）<br>ベネズエラ（2017年3月23日） |

注：データは2018年8月27日現在。＊は創設メンバーであるが，まだ正式加盟国になっていない国。
　　［　］内は設立協定に署名した日付。
出所：AIIBウェブサイト（https://www.aiib.org/en/about-aiib/governance/members-of-bank/index.html）。

## （2）AIIBの当面の評価

以上述べたように，AIIBは，既存の国際開発銀行と協調してインフラ・プロジェクトを進めており，その限りで，質の高いプロジェクト（環境・社会的な基準，入札方式）を推進しているように思われる。AIIBが単独で行っているプロジェクトでも，環境・社会基準や入札方式に関して注意を払ったアプローチをとっているように見受けられる。ただし，オマーンなどでの単独プロジェクトでは，プロジェクト文書に必ずしも明確でないところがみられ，プロジェクト自体の目的，設備や資材の入札方法，環境や周辺住民への影響などについて，見極めていくことが必要だろう。また，AIIBのプロジェクト文書のなかでは，各プロジェクトが「一帯一路」構想に明示的にリンクされておらず，淡々とプロジェクトを遂行するという姿勢が感じられる。

このように，これまでのところは，AIIBのプロジェクトについて当初危惧されていた，低い基準でのプロジェクト実行や返済不能なかたちでの融資実行

といったことは現実のものとはなっていない。その意味で，AIIB は当初の予想を超えた成果をあげつつあるといえる。これは，三大格付け機関が AIIB に最上位の格付けを付与したことにも表れている。ただし，こうした判断は，AIIB の対外的発言，他の国際開発銀行との協調姿勢，プロジェクト文書の内容にもとづくものであり，各プロジェクトの事後的な評価にもとづくものではない。とくに AIIB 単独プロジェクトについては，それらが実行に移され完成した後でなければ，正当な評価を行うことは難しい。

　AIIB にとっての主要な課題は，既存の国際開発銀行との協調を維持・強化し，ガバナンスと意思決定方式や融資政策について高い基準を保っていくことだろう。リスク管理やガバナンスの枠組みに疑問がもたれると，主要格付け機関が AIIB の信用格付けを引き下げることがありうる。その意味で，AIIB が中国の外交政策である「一帯一路」構想と距離をとって，淡々とプロジェクトをこなしていくという姿勢が評価される。また，政治的に重要だとしても経済的に採算のとれないインフラ・プロジェクトも避けられているように見受けられる。それに加えて，AIIB は他の既存の多国間開発金融機関と覚書や連携合意書を結んで協調態勢を強化しつつあるが，他のステークホルダー（とりわけ加盟国内のあるいは国際的な NGO，他の二国間援助機関など）との対話や協調を深めていくことも重要だろう。

　AIIB が抱えるもう1つの課題は人材不足である。インフラ・プロジェクトの準備・開発には手間と時間がかかる。金融面からの審査，当該分野での法制度・規制，環境や住民への影響，用地取得の困難さなど，多くの面で精査が必要になり，そのためには多数の専門家が必要だ。たとえば，インフラ・プロジェクトに精通する技術者，金融専門家，法務担当者，環境・人的リスク専門家，カントリーリスク専門家だけでなく，加盟各国の政治・経済情勢をトータルに把握できる専門家も必要になる。今後，さらにインフラ・プロジェクト（とりわけ AIIB 単独のもの）の数を増やしていくことになると，こうした人材が欠かせない。

## 5　日本の対応

　インフラ投資ニーズが高まっている新興アジア地域においては，それをいか

にファイナンスするかが大きな課題である。日本はこれまで，ADBを通じて間接的に，あるいは国際協力機構（JICA）や国際協力銀行（JBIC）を通じて直接的に，新興アジア諸国のインフラ投資促進のために公的資金を投入してきた。これに対し，中国は2016年にAIIBの業務を開始させ，さらに「一帯一路」構想の下で，積極的に新興アジアのインフラ・ファイナンスに乗り出している。日本は，15年から「質」の高いインフラ投資を重視する姿勢を打ち出しているが，今後はどのように「質」の高いインフラ・ファイナンスを拡大していくべきなのだろうか。

## （1）「質」の高いインフラ支援

　日本は2015年から「質」の高いインフラ支援を重視する姿勢を示し，その観点からADBとAIIBの協力を通じてAIIBによる「質」の高いインフラ作りを促してきた。日本政府は，15年5月に「質の高いインフラパートナーシップ〜アジアの未来への投資〜」を発表し，16年5月には「質の高いインフラ投資の推進のためのG7伊勢志摩原則」を主導して，「質」の高いインフラの重要性を国際的に訴えてきた。

　「質の高いインフラパートナーシップ〜アジアの未来への投資〜」（15年5月）では，日本は，4本柱からなる「質の高いインフラパートナーシップ」を通じて，各国・国際機関と協働し，「質」の高いインフラ投資を推進することとした。今後5年間で従来の約30％増となる，約1,100億ドルの「質」の高いインフラ投資をアジア地域に提供することで，それが触媒となり，アジアに世界中から民間のさらなる資金とノウハウが流れ込み，質・量ともに十分なインフラ投資が実現されるとした。「質の高いインフラパートナーシップ」を支える4本柱としては，①日本の経済協力ツールを総動員した支援量の拡大・迅速化，②日本とADBのコラボレーション，③JBICの機能強化等によるリスク・マネーの供給倍増，④「質」の高いインフラ投資の国際的スタンダードとしての定着，が掲げられた。

　G7伊勢志摩サミット「質の高いインフラ輸出拡大イニシアティブ」（16年5月23日）では，「質の高いインフラ投資の推進のためのG7伊勢志摩原則」が打ち出された。掲げられた5つの原則は以下のとおりである。①効果的なガバナ

ンス，信頼性のある運行・運転，ライフサイクルコストから見た経済性及び安全性と自然災害・テロ・サイバー攻撃のリスクに対する強じん性の確保，②現地コミュニティでの雇用創出，能力構築及び技術・ノウハウ移転の確保，③社会・環境面での影響への対応，④国家及び地域レベルにおける，気候変動と環境の側面を含んだ経済・開発戦略との整合性の確保，⑤PPP 等を通じた効果的な資金動員の促進。

要するに，「質」の高いインフラとは，長期的な観点から経済性が高い（初期投資と維持・修繕費全体のライフサイクルコストが低い）こと，安全性と強じん性（自然災害・テロ・サイバー攻撃のリスクに対するもの）が確保されること，環境・社会面での影響が配慮されていること，現地の社会・経済への貢献が大きいこと（雇用創出，技術・ノウハウの移転，人材育成），各国の経済・開発戦略との整合性が保たれること，などの条件を満たすものである。これは言い換えれば，金融面・環境面・社会面で持続可能なインフラの構築をめざすものだといえる。

## （2）「自由で開かれたインド太平洋戦略」

日本はまた，「自由で開かれたインド太平洋戦略」を打ち出し，アジアとアフリカの連結性強化，とくにインドを含む南アジアと ASEAN の連結性強化に焦点を当てている。この戦略は，成長著しいアジアと潜在力溢れるアフリカという「2つの大陸」と，自由で開かれた太平洋とインド洋という「2つの大洋」の交わりによって生まれるダイナミズムを一体としてとらえ，「法の支配に基づく自由で開かれた海洋秩序を維持・強化する」ための戦略だとされる。具体的には，東アジアを起点として，南アジア・中東・アフリカへと至るまで，インフラ整備・連結性，貿易・投資の活性化，ビジネス環境整備，人材育成等を進めるとともに，アフリカ諸国に対し，オーナーシップを尊重した国づくり支援を行っていくものだとされる。

トランプ米大統領は，2017年11月の東アジア訪問で，中国の一方的な海洋進出を念頭に，安倍首相の唱える「インド太平洋戦略」が米政権の新たなアジア太平洋戦略となったことを示した。そして，相次いで「国家安全保障戦略」や「国家防衛戦略」などの戦略文書を公表し，「インド太平洋戦略」を支えるものとした。これは，パキスタンのグワーダル港や中国 - パキスタン経済回廊を建

設している中国に対して脅威を感じていたインドにとって歓迎すべきことだった。モディ首相は就任後，それまでの「ルック・イースト」政策を「アクト・イースト」戦略として実行に移し，「インド太平洋戦略」を支持している。これにオーストラリアが加わり，日米印豪4か国が「インド太平洋戦略」の中核国となっている。ただし，日本政府は，以前の「自由と繁栄の弧」戦略が中国やロシアを排除した考え方だったのに対し，「自由で開かれたインド太平洋戦略」は中国を排除しようとするものではなく，むしろ中国を包摂する戦略だとしている。

ただし「自由で開かれたインド太平洋戦略」が実効性のある戦略になるためには，そこに経済的な実体をもたせていくことが重要だろう。たとえば，インフラの連結性の強化，貿易・投資の拡大，インフラ融資の増強の面での具体化があげられる。インフラの連結性については，インド太平洋地域を「質」の高い交通・通信・エネルギーインフラで連結することだが，その出発点として，インドとメコン地域を東西につなげることが有益だろう。貿易・投資の拡大については，インドをアジア太平洋経済協力（APEC）のメンバーとして迎え，インドを含む東アジア地域包括的経済連携（RCEP）交渉をなるべく早期に妥結し，バングラデシュやスリランカをそこに引き込むことで，東アジアのサプライチェーンをインド亜大陸に拡張していくことが考えられる。インフラ融資については，米国や日本の政府系金融機関が民間部門のインフラ事業に融資等を行うことが考えられる。また，インドが独自の開発銀行を設立して国内外のインフラ融資に積極的に関与していくことも有意義だろう。

このように「自由で開かれたアジア太平洋戦略」に実体をもたせることによって，日本としても，「自由で開かれたインド太平洋戦略」を意味のあるかたちで AIIB や「一帯一路」構想と連携させることができるように思われる。

## （3）「一帯一路」構想との連携

日本政府は当初，中国の「一帯一路」構想に対して積極的な姿勢を示していなかったが，2017年に入ってそのスタンスを変えた。安倍首相は，17年5月に北京で開催された「一帯一路」国際フォーラムに政府代表団を派遣し，同6月には東京で「一帯一路」構想に対して以下のような条件付きで支持を表明した。

①「一帯一路」が自由で公平なアジア太平洋地域の考え方と調和したものであること，②インフラへの開放されたアクセスや透明かつ公平な入札方式を採用すること，③経済的・金融的に返済可能なプロジェクトを支援すること。その後，安倍首相から「第三国で日中の共同ビジネスを展開していくことが，両国のみならず対象国の発展にも有益だ」とする発言も出された。

こうした安倍首相の発言を受けて，首相官邸と外務・財務・経済産業・国土交通の4省が17年11月に，「一帯一路」参加に向けたガイドラインを作成した。ガイドラインでは，日中の民間企業間のビジネス協力を後押しするために，具体的な協力分野として，以下のものがあげられた。

- ・「省エネ・環境協力の推進」： 太陽光発電，風力発電，高効率ガス・石炭火力発電などの開発・運営。
- ・「産業高度化」： タイの経済特区「東部経済回廊」の工業団地の共同開発など。
- ・「アジア・欧州横断での物流利活用」： 中国と欧州を結ぶ鉄道を活用するための制度改善を協力推進。

ただし日本政府は，こうした日中の企業間協力を進めるためには，①プロジェクトの経済性，②開放性，③透明性，④借り手国の債務の維持可能性の4つを確保することが必要だという立場を示している。

18年10月には安倍首相の訪中時に開かれた「日中第三国市場協力フォーラム」で，日中企業による52件の第三国での事業協力に関する覚書が締結された。これを機に，日中の企業間協力が拡大するものと考えられる。

しかし，このことは日本がただちにAIIBに参加することを意味するものではない。AIIBが当初懸念されていたいくつかの問題をクリアしてきたように見受けられるものの，日本がAIIBに参加するためには，日本と中国の間に信頼関係が構築される必要があるからである。というのは，AIIBは中国が大きな影響力をもって管理・運営している国際組織であるため，日本としては中国のAIIB運営方式に信頼意識をもたなくては加盟しにくいからである。安倍晋三首相と習近平国家主席が時間をとって会談し，将来のアジアのあり方，日中関係のあり方などについて十分な議論を尽くし，相互の立場を理解し，信頼関係を築くことが必要だろう。

米国の場合は，対中強硬派が多い米議会がAIIBへの出資を認める可能性は

低く，AIIB 参加は当面難しい。しかし，AIIB はアジアの国際金融機関であり，地域の経済大国である日本がアジアのインフラ整備のルール作りに積極的に関与し，経済発展に貢献することの意義は大きい。アジアの多くの途上国も，日本と中国が協力することで中国の影響力を相対化し均衡を図っていくことを望んでいる。日本不在の AIIB の活動が広がれば，日本の存在感は弱まろう。日本は，ADB と AIIB の両者に参加することで，アジアの経済秩序作りに関わり，多国間の枠組みのなかで中国にルールに沿った行動を促していく役割を果たすことができる。そのためにも，日中首脳間の信頼回復が望まれる。

また，既存の国際機関は，加盟国の経済力の変化を反映して発言権を調整していかなくては正当性を問われることになる。2010年に決定された IMF 改革は，米国の国内承認手続きが遅れて，ようやく2016年になって実現したが，次回のクォータと議決権の改革が始まろうとしている。ADB も出資比率や議決権の見直しを始めるべきだろう。このことが，米国と G7 中心の一極構造から多極化に向かっている国際金融システムの安定化につながることになろう。

## 6 おわりに

2016年1月に業務を開始した AIIB は，当初の予想を超えた実績をあげている。AIIB は全体の3分の2程度のインフラプロジェクトを既存の国際開発銀行（世界銀行，ADB，EBRD など）と協調して進めており，その限りで，国際基準（環境・社会的基準，入札方式）に則ったかたちでプロジェクトを実施しているように思われる。また，借入国の債務返済能力を考慮に入れた融資決定を行っているものと評価できる。AIIB のプロジェクト文書のなかでは，各プロジェクトを「一帯一路」構想と距離をとりつつ，淡々と進めている。2018年8月までには87か国が加盟国として承認され，うち正式加盟国は67か国，加盟予定国は20か国にのぼっている。こうしたことを受けて，三大格付け機関は2017年に，AIIB に最高の信用格付けを付与した。

AIIB は，経済的・金融的に台頭する中国が主導して，国際金融機関という多国間の枠組みで，アジア諸国をインフラで連結させて，各国の経済発展と域内経済統合を促そうとするものである。中国がその拡大する経済力・金融力を

アジアのインフラ構築，連結性強化，経済発展・統合という国際公共財の提供のために用いつつあると解釈できる。このことは，中国がAIIBを既存の国際金融秩序の内部で国際的な影響力を高めようとするもので，国際社会として歓迎すべきだろう。

これに対して中国の外交政策の一環である「一帯一路」構想は，中国がその構想の下で，自国を中心とする単なる経済圏だけでなく政治的・地政学的な勢力圏を構築し，国際秩序の再編成を意図するものではないかという疑念がもたれている。中国としては，AIIBの成果を参考にしつつ，「一帯一路」が開かれた透明性の高いものとして，多国間的に運営されるようにしていく方策を考えていくことが重要だろう。インフラ構築・連結性を高めるための各国間のさまざまな利害関係を多国間化の枠組みで調整していくのである。大国になった中国が，既存の国際秩序に挑戦するのではなく，多国間主義と国際ルールにもとづいて十分な国際公共財を供給していくのであれば，国際社会における中国の発言権はおのずと高まっていこう。そしてそれが中国に対してさらに責任ある行動を促していくという好循環が期待されよう。AIIBはそのような潜在性を中国自身に示しているといってよい。

「質」の高いインフラ投資を重視する姿勢を打ち出している日本としても，AIIBが国際金融機関として機能し続けることをめざし，問題があれば注意を喚起していくこと，また日中間の信頼関係の醸成により加盟の可能性を視野に入れていくことが重要だろう。また，「一帯一路」構想自身も「質」の高いインフラ建設に乗り出せるよう，中国との間で第三国での共同事業を積極的に進めるべきだろう。

## ディスカッション

① AIIBが世界銀行やADBとインフラ・プロジェクトへの融資業務で競合する可能性はあるか？　競合することのメリットとデメリットにはどのようなものがあるか？

## 参考文献

ADB, 2017, *Meeting Asia's Infrastructure Needs*, Asian Development Bank.
ADB-ADBI, 2009, *Infrastructure for a Seamless Asia*, Asian Development Bank Institute.

【河合正弘】

# 第7章　中国は北朝鮮にどう関与するのか？

　中国と朝鮮半島の歴代政権とは2000年以上の交流の歴史があり，それによって今日の両者関係に底流で影響を及ぼす恩讐交えた感情，文化的つながり，相手への認識と付き合い方がかたちづくられてきた。さらに朝鮮戦争によって今日の半島をめぐる対立の図式が固定化された。そのなかで，北朝鮮に対する中国の見方と戦略的な位置づけはこのような歴史的に継承された部分もあれば，時代の変化で修正されたものもある。

　北朝鮮の核開発と米朝首脳会談は中朝関係に新しい変数をもたらしたが，金正恩委員長が3か月のうちに三度も中国を訪れたことから，中国の影響力は依然無視できないほど強いばかりか，その国力が米国に迫るなか，もっと積極的に関わってくることも予想される。

　習近平時代の中国は「非核化」の問題をどのようにとらえ，朝鮮半島の行方をどう展望しているか，その見方と行動は北東アジア全体の未来にも強く投影するので，慎重に見極めるべきである。そして中国の思考様式と行動パターンを理解するものとして，「不変（変わらない）」のなかに「変化」も生じている，という特徴を見出すことができる。

## 1　長い交流歴史に由来する複雑な相互感情

### (1) 紀元前から密接な関係

　陸続きの朝鮮半島と中国大陸の間を，人類が東アジアに住み着いてから頻繁に行き来し，古代朝鮮の建国伝説にもつねに黄河文明が絡んでくる。紀元前11世紀，周武王が箕子を朝鮮侯に封じ，箕子が殷の遺民を率いて半島で建国したのが箕子朝鮮であり，春秋時代の燕国の将軍衛満が衛氏朝鮮を建てたと歴史書

に記されており，紀元前108年に漢武帝が半島北部に設置した楽浪，真番，玄
菟，臨屯という直接に統治した漢四郡は4世紀まで存続し，文化面でも密接な
関係が築かれた。

その後，半島では歴代政権が離散集合を繰り返したが，15世紀にできた李氏
朝鮮は儒学を正統思想とし，朝貢冊封関係を受け入れ，中国の明清王朝ととくに親密な関係を保った。

朝鮮の歴代政権は何でも中国の顔色をうかがう「事大主義」的な傾向があったといわれるが，安定と発展を最優先にした歴史的知恵でもあった。政治・軍事・経済・文化などあらゆる面で圧倒的な力をもつ大国中国と接するために，表向きには中国皇帝の自尊心をくすぶり，リップサービスをする代わりに，経済・貿易ないし国境問題で便宜を図らせ，また内政上の独立，中国に劣らない文化を保つことができた。他の国の脅威に対抗するのに中国の力を利用するねらいもあった。実際に，豊臣秀吉軍の朝鮮侵略に対抗するため，明王朝は20万人以上の大軍を派遣し，19世紀末に起きた日清戦争に清王朝は最精鋭な陸軍と北洋艦隊を出動した。

日清戦争の敗北は中国にとって通常の戦争以上の打撃と苦い記憶を残した。明・清など中国歴代王朝が構築した「中華秩序」（周辺の中小国家が中国に朝貢してその支配的地位を認める代わりに，中国はこれらの国の安全を守り，経済支援を行う，との関係秩序）はこれによって瓦解し，清朝もまもなく滅びた。日本はこの戦争によって中国から割譲した台湾を50年間支配した。第二次世界大戦後，台湾はいったん中国に戻ったものの，国共内戦の結果，大陸の中華人民共和国に統治されない政権が長く存続し，いまも対立している。中国は，台湾問題を朝鮮半島の対立構図と同一視する向きがあり，両方とも近代以来の歴史と冷戦構造がもたらした問題とみている。よって中国の半島政策は台湾問題を視野に入れており，米国のトランプ政権も台湾カードを中国に使っており，今後，半島と台湾という2つのファクターがどのように相互影響するかも注目する必要がある。

## （2）朝鮮戦争で今日の対立構図に

朝鮮半島が20世紀初め，日本の植民地になったが，その間でも，中国と朝鮮

第 7 章　中国は北朝鮮にどう関与するのか？

民族との交流・協力関係が絶えなかった。金日成氏は少年時代に中国東北部に渡り，その後，朝鮮の共産主義者は全員中国共産党に入党せよ，とのコミンテルンの指示により，彼も中国共産党の一員になり，長年，中国の東北部（旧満州）で日本軍と戦い，頭角を現した。大韓民国のルーツを作った臨時政府も早くも1919年に上海で樹立され，日中戦争中は重慶に移り，民族独立をめざして戦うシンボルであり続けた。

　第二次世界大戦の末期，ソ連赤軍が朝鮮半島北部を解放したが，長年中国で戦い，一時ソ連領内に退避した金日成氏らいわゆる「パルチザン」派が北朝鮮に入り，新政権を立ち上げたが，ちょうど中国の国共内戦期にあたり，金日成政権はソ連の黙認の下で毛沢東の軍隊に多大な支援を与えた。その背景もあり，1948年9月に建国した朝鮮民主主義人民共和国の首相に就任した金日成氏は，中国革命の成功がみえていたなかで毛沢東主席に，最精鋭の第4野戦軍から2万人以上の朝鮮人部隊を帰還させてほしいと申し入れ，同意された。これらの百戦錬磨の部隊は間もなく，金日成氏が「祖国統一戦争」を発動した時の主力軍となった。

　しかし金日成氏はただ中国だけを頼りにするのではなかった。第二次世界大戦後，スターリンのソ連が中国よりもっと強力な軍事力・経済力・外交力をもつ存在になっており，金日成氏は何度も武力による祖国統一の作戦に対する支持をスターリンに働きかけ，1950年初めの段階でついにその許可を得て，ソ連人軍事顧問による作戦計画の制定や武器装備の支援を受けて開戦準備に全力で動き出したが，毛沢東主席が知らされたのは開戦1か月前だった。

　1950年6月25日，朝鮮戦争が勃発し，最初の段階では北朝鮮人民軍は破竹の勢いで南進し，釜山まで迫ったが，マッカーサーの指揮する国連軍による仁川上陸作戦で北朝鮮軍は前線部隊と後方支援を分断されて総崩れとなり，首都平壌まで放棄して中朝国境付近まで退却した。その時点になると，第三次世界大戦の誘発をおそれたスターリンは，北朝鮮政権を一時期あきらめ，金日成氏に中国への亡命を勧めたが，中国は米ソ双方の予想に反して参戦した。参戦の是非をめぐって中国首脳部内で大論争が起きたが，毛沢東主席は，米軍に国境の鴨緑江まで占領されると，国家の安全保障と経済発展にとって永劫的に重大な脅威にさらされると判断し，数十万人の「人民義勇軍」を出動し，とくに最

初の半年間，最強の米軍に重大な損害を与え，戦線を再び38度線まで押し戻した。1953年7月，中国，北朝鮮，国連軍という三者の代表が署名するかたちで「休戦協定」が結ばれた。

それ以後，半島南部の韓国はつねに北朝鮮とそれを支持する中国とソ連から「米国帝国主義の傀儡政権」と批判されたが，北朝鮮は中ソ両国から支持と支援を受けながら，独立と発展を保つことができた。

## 2　中朝関係の裏表

### （1）大国のはざまをうまく切り抜ける北朝鮮

北朝鮮政権は実際には国土面積（本州の約半分相当）も軍事力も，韓国に長年軍隊を配備する米国と比べようがなく，経済力は今や GDP（国内総生産）で計れば韓国の40分の1以下である。にもかかわらず，半島の対立構造のなかで後ろ盾ではあったが，巨大な中国と旧ソ連からどうやって独立を守り，しかも最大限の援助まで取り付けることができたのか。

中国の研究者，沈志華氏によると，北朝鮮は大国間の利害関係はほとんど一致しないことを見抜き，その相違をうまく利用して競争させ，ときには自分は形勢が不利とみれば大幅に譲歩して時間稼ぎをし，そのような巧みな外交ゲームを展開して最大限に有利な外部環境を作り出した，という。

実際に20世紀の1960年代に入ると，共産主義陣営内部で中ソ間の主導権争いが表面化したが，金日成主席は中ソ双方とも自国を味方に引き込みたいことを知っており，そこでその対立をうまく利用し，1961年7月，ソ連，中国との間でそれぞれ「友好協力相互援助条約」という事実上の同盟条約を結んだ。1962年10月，さらに中国側が大幅に譲歩するかたちで中朝国境条約に調印した。1960年代前半の数年間，中国自身が大飢饉の時代を迎えたにもかかわらず，北朝鮮への大規模な食糧支援を続けた。1960年代後半，中国は北京の地下鉄建設に準備した資材と人員を先に北朝鮮に送り，平壌の地下鉄建設を優先に支援した。

その間，金日成主席は「チュチェ（主体）思想」を明確に打ち出す。「自国の革命と建設に対して主人らしい態度をとる」として，政治の自主・経済の自

立・国防の自衛を強調したものだが，朝鮮民族の伝統的に高いプライドをベースに，高度に集中した一元的指導体制のなかでそれを求心力の強化に使う必要性もあり，また，外部の諸大国はつねに自国の利益を優先にし，歩調を合わせられない点も見抜いたうえでの知恵だといえるのかもしれない。

一方，北朝鮮や韓国の外交に関して，巨大勢力の前で相手の要求を全部受け入れてしまういわゆる「事大主義」と批判されることもある。これは，自分は弱小国との自覚をつねにもち，大国の圧力をただちに押し返すことができないことを認識すると，いったん相手の要求を大幅に受け入れるが，外部情勢の変化を待ってさらに巻き返しを図る，との「小国の知恵」と見なすこともできる。2018年に入って北朝鮮側が平昌冬季五輪を機に華麗な微笑外交を展開し，その前年までの孤立を一気に打破したことも，そのような歴史的知恵に由来した打開策といえる。

## （2）鄧小平時代に「特殊関係」が変化

ところで，朝鮮戦争以後，つねに中国とソ連の支持と支援を取り付けていた北朝鮮は1990年代に入り，大きな試練を受ける。中国は鄧小平（とうしょうへい）時代に入り，「改革開放」政策を推進し，経済発展を最優先にするなかで，当時は「アジアのリトルドラゴン」と呼ばれた韓国との関係改善と経済交流の強化を図る必要があった。おりしもベルリンの壁が崩壊し，弱体化した旧ソ連は政権末期にソウルと先に外交関係を樹立し，続いて中国も1992年，韓国と国交を樹立した。

それ以後，中国の半島外交は，南北朝鮮との「等距離外交」へシフトしたが，経済交流を最重視するため，事実上，韓国との交流拡大に傾斜していた。このような中国外交の調整に対し，北朝鮮の指導者は内心強く反発し，1994年，板門店に置く休戦委員会から中国側代表の引き上げを要求し，中国はいやいやながらそれを受け入れた。1990年代後半，平壌の内部文書は中国の改革開放政策を「資本主義への道を歩むもの」との批判も展開した。

起伏があったが，中国の朝鮮半島外交は鄧小平時代以降，胡錦濤（こきんとう）主席の退陣（2012年）まで，一貫した戦略目標の優先順位が付けられていたとみることができる。

朝鮮戦争の結果に形成された対立の構造があり，中国は近代以来，敵対勢力

の大国が朝鮮半島を経由して本土に脅威を与えることをきわめて警戒するとの思考様式にもより，北朝鮮政権を守り，それを米国という強大な軍事力との間のクッション，すなわち「緩衝地帯」とする，これは朝鮮半島方面に対する戦略目標の第1位のようなものと位置づけられ続けた。

　第2に，もし北朝鮮で戦乱が起きると，大量の難民が生まれて中国の東北部に押し寄せると予想される。そうなると，中国国内の経済発展と社会安定も大変な影響を受けるということで，「安定優先」が中国の北朝鮮外交の2番目に重視された目標だった。

　21世紀に入って，中国外交部などは「北朝鮮の核開発もいよいよ座視するわけにはいかない」との危機感が出て，2003年からの6か国協議の開催に中国はイニシアティブをとった。しかし外交の優先順位でいえば，3番目のものだったといわざるをえない。それ以降，中国は北朝鮮の核問題に真剣に取り組み始めたが，第1，第2の優先順位にランクされた考慮により，揺れがあったことも否めない。

## 3　習近平時代の半島外交

### （1）北朝鮮の核開発に危機感

　2012年秋，習近平が中国の新しい指導者に就任した。中国はそれまでの30年余り，鄧小平路線で経済大国の地位を作り上げたが，国内政治では汚職腐敗が蔓延し，国民の不満が高まった。経済面では人件費の高騰，環境悪化でかつての労働集約型産業を重点とする発展モデルが続かなくなった。それをふまえて，習近平主席は2017年秋の第19回党大会で2050年までの新しい「三段階発展戦略」を打ち出し，外交面では「一帯一路」構想を掲げた。そのようななかで中国の半島外交にも新しい調整が行われるようになった。

　習近平時代の半島外交には，「非核化」の問題を最重視すること，「緩衝地帯」的な発想ではなく，半島全体を視野に入れて考えること，半島問題を米中関係の枠組みのなかでとらえること，といった変化が起きている。皮肉にも，北朝鮮の度重なる核実験が中国の外交調整を加速化した。

　とくに2016年1月の北朝鮮による4回目の核実験以降，中国の内部では北朝

鮮政策をめぐる大論争が繰り広げられた。金正恩（キムジョンウン）政権は2011年末にできたが，中朝首脳同士はずっと相互訪問していなかった。北朝鮮指導部内の，中国の路線を支持するとみられた張成沢（チャンソンテク）一派が粛清された。同年９月３日の北朝鮮による「水素爆弾」と称する核実験は隣接する中国の東北地区に激震を走らせ，７億人以上が使用しているSNS「微信（WeCaht）」では北朝鮮を弁護する言論は一斉に鳴りを潜めた。

　直後の９月６日付イギリス『フィナンシャル・タイムズ（FT）』紙に「対北朝鮮でタカ派に　中国の学識者」と題する興味深い記事が掲載された。「長年にわたって中国の主流学者は半島の危機を解決する唯一の方法は平壌との経済交流の拡大，ないしその核保有を黙認することと考え，制裁に反対し，軍事行動は想像すらありえないことだった」が，「いま，北朝鮮に同情する声は新聞の論評や学術刊行物から姿を消した」。半年前，外交部はまだ，対北朝鮮強硬論の学者を軽視する発言をしたが，「現在，石油の禁輸を含む北朝鮮に対する完全な包囲網を作るべきだとの主張が一番有力になっている」という。

　そこで2017年春以降，半島の非核化問題は中国の半島外交の最重要課題に引き上げられた。

## （２）「非核化」は中国の優先課題に

　従来，中国が北朝鮮の核開発に反対する理由は，韓国も日本ないし台湾も追随して核開発するとの「核のドミノ」への警戒，核開発をめぐる米朝間の軍事衝突により中国の周辺環境が不安定になる，というものだったが，北朝鮮が中国の再三の忠告ないし警告に耳を傾けず，核とミサイルの開発を，米国からの軍事攻撃を誘発しかねない危険水位になったとの判断とともに，その核実験は中国国境から80kmないし100km程度のところで行われたから，中国へ放射能汚染をもたらす懸念も高まった。

　いまの中国では東北３省（遼寧，吉林，黒竜江）を除いて，食糧を自給自足分以上に生産しているところはない。経済の発展で耕作面積が減る一方で需要は増えるため，どの省も自給以上に余力はない。東北３省は大都市にとって大事な食糧の供給地だ。とくに黒竜江省は食糧の戦略備蓄の基地で倉庫がたくさん作られている。したがって，もし北朝鮮の核実験で放射能被害が広がったりす

れば，東北地方だけでなく，中国全体の食糧供給に影響する。その危機意識が近年，一気に高まった。

そこで2017年4月，米中首脳会談がフロリダで行われた最中，人民日報系『環球時報』紙が論説を掲載。北朝鮮の核開発による放射線の汚染を絶対容認せず，「あらゆる代価を惜しまずに自国東北部の安全と安定を守ることがレッドライン」と明言するようになった。つまり，北朝鮮の核実験そのものが中国の脅威になったので，中国は米との緩衝地帯という役割を重視するより，最優先に取り組まざるをえない課題になった，という論理である。

これに対し，4月21日付朝鮮中央通信の論評は，「破局的結果も覚悟せよ」と中国を間接的に批判し，5月3日付論評は，「朝中関係のレッドラインを中国が越えている」，「朝中友好がいくら大事でも，命のような核と引き換えに物乞いすることはない」と中国を名指しで批判した。

北朝鮮が11月末に大陸間弾道ミサイル（ICBM）発射実験を行ったのを受けて，国連安全保障理事会は12月22日，それまでの決議に比べ，格段に厳しい制裁決議案（第2397号）を全会一致で採択した。北朝鮮向けの石油精製品の輸出量の9割削減，原油供給に対する上限の設定，禁輸品の輸送が疑われる船舶に対する拿捕や臨検，押収の許可とともに，さらに，核実験など新たな挑発行為がある際は「石油輸出を一段と制限する措置をとる」との内容だった。この決議の内容は事前に米中両国の代表が詰めて決めたものであり，中国は，度重なる忠告に耳を貸さない北朝鮮の核開発を止めるのに，国際社会が歩調を合わせた圧力，ないしある程度の米軍による軍事圧力もやむをえないとの判断があったようだ。北朝鮮は内心，中国に強い不満をもち，年末以降，国連による制裁をいう代わりに「中国による制裁」という表現を内部で使ったと伝えられた。

## 4　非核化交渉と半島の将来

### （1）北朝鮮の「170度転換」

前述のとおり，北朝鮮は大国を競わせる一方で，大国の足並み揃いは長続きしないことを見越してときには時間稼ぎをし，うまく立ち回り，生存と発展を図ってきたが，国連安保理決議第2397号を前に，伝統的な切り抜け手法が通用

しなくなった。安保理メンバー国の全員一致の決議であり、期限なしの厳しい制裁が科せられたなかで引き延ばしをすれば、石油など戦略的物資の備蓄が枯渇する行き先がみえていた。

　金日成、金正日という二代の指導者からの、究極の兵器といわれる核とミサイルの開発を通じて体制を守るという既定路線を継承した金正恩は核開発も経済発展もという「並進路線」を推し進めてきたが、軌道修正を余儀なくされた。本格的な核抑止力をもつには、まだミサイルに搭載可能な「核弾頭の小型化」という技術と、ミサイルの大気圏再突入技術が達成されていないが、一応「核保有国」になったのだと宣言したうえ、核と自国の安全保障との取引に関する対米協議と、経済最優先の路線へと方針転換に踏み切った。張璉瑰・中国中央党校教授はこれを「170度の転換」と表現した。

　それで、18年2月に韓国で開かれた平昌冬季五輪に北朝鮮が代表団を派遣したのを皮切りに、韓国特使を招き入れ、特使がワシントンで米朝の仲介をし、そして米朝首脳間のシンガポール会談へと、北朝鮮は局面打開に積極的に動き出した。

　では北朝鮮は本当に非核化を決意したのか。中国学者の多くは、「現時点ではまだ戦術的転換の可能性が大きいが、関係諸国が協力して推し進めていけば、逆戻りのできない方向に向かうことが可能」とみている。一方、中国側は、非核化を進める過程で北朝鮮の自国の安全保障に対する深刻な懸念にも配慮すべきであり、米朝双方が共に行動を起こし、段階的に目標を実現していくことが必要と主張している。

　トランプ・金正恩の首脳会談で「完全な非核化」の方向が打ち出されたが、それを実現していく道は紆余曲折があると予想される。その過程で中国のプレゼンスはますます大きくなっている。それは金正恩委員長が短期間中に三度も訪中したことに端的に示された。

　18年3月末、米朝首脳会談の決定直後、金正恩はそれまでの中国批判をやめ、トップに就任して7年目にして初めての訪中を行った。「非核化」を決意したと中国側に説明したうえで、対米交渉の戦術をめぐる協議を行い、中国との接近をもって米国に対する立場を強くするねらいもあったと指摘される。そして南北首脳会談の結果をふまえ、トランプ大統領との会談に臨む直前の5月中

旬，金正恩は大連に飛び，2回目の中朝首脳会談を行った。さらに米朝首脳会談後，金正恩は3回目の訪中を行い，ここで中国を巻き込んで対米交渉の立場を強くし，今後は中国式の経済発展路線を取り入れる方向性を打ち出した。

## （２）中国は半島の将来をどうみているか

　一方の中国は金正恩の3回もの訪中の受け入れを通じて，半島の行方に対する存在感，影響力をみせたが，北朝鮮は米中間に楔を入れて「非核化」をめぐる包囲網を打破し，再度時間の引き延ばし戦術をとるのではとの警戒感を内心抱いている。そこで，非核化が確実な成果をみせるまで安保理の制裁決議を守ると中国外交部報道官が表明した。北朝鮮側がその後，在韓米軍の撤退問題を提起したのに対し，米国内では「中国による唆し」との見方があったが，中国外交筋はこの推測を明確に否定し，「中国は現段階で在韓米軍の去就など余計な問題を一切言及していない。なぜなら，実際に非核化や朝鮮戦争の終結が進めば，在韓米軍やTHAAD（高高度ミサイル防衛システム）配備の問題などはプライドの高い韓国側からおのずと提起される」との見方を示した。

　中国は，非核化を真に実現するのに国際社会の一致団結が重要との見方を変えておらず，米中関係は貿易摩擦，台湾などをめぐって緊張が高まるなかで，北朝鮮問題をめぐる対米協力をむしろ対米関係の維持にとっても大事，とみている。ただ，北朝鮮に核を放棄させる代わりに，その内心にもつ深刻な不安感を解消させ，体制の維持と経済の繁栄に一定の確信を与える必要もあると考えている。

　中国の習近平首脳部はあと10年すれば，経済面で米国に追い付くことに自信を強めており，そのため，「一帯一路」構想など積極外交を展開している。それに伴って，朝鮮半島の将来に関しても「新思考」が生まれつつある。それはすなわち，北朝鮮だけを緩衝地帯とみなす伝統的発想の修正である。国力の増強や軍事技術の日進月歩により，「緩衝地帯」の存在価値は事実上低下している。また，非核化が本当に実現すれば半島情勢にドラマチックな変化も起こりうると中国は展望している。そうなれば，半島の南北双方は「親米か親中か」の二者択一から「親米とともに親中」になることも考えられる。なお，本当に戦争終結になれば，南北間では5年から10年のスパンで，統一に至らなくても

連邦制が実現する可能性が高まる。習近平政権はこれらのシナリオに対してすべて「オープンマインド」（開放的な発想）をもっており，変化の過程で朝鮮半島にもっと存在感を増していくことも考えているように見受けられる。

　世界情勢は政治・経済・科学技術のあらゆる面で変化しており，朝鮮半島情勢が冷戦時代に逆戻りすることは不可能になった。さまざまな新しい可能性に対し，東洋の知恵を中国と共有しているはずの日本も，ステレオタイプの旧来の見方にとらわれず，積極的に建設的に関わっていく，このような心構えをもつべきである。

### ディスカッション
① 中国と朝鮮半島の関係史から，双方はどのように相手を見，どのような付き合い方をしているかを考えてみよう。
② 米中関係が悪化するなか，朝鮮半島の「非核化」のプロセスはどのような影響を受けると考えられるか，いくつかのシナリオを立ててみよう。

### 参考文献
朱建榮，2004，『毛沢東の朝鮮戦争――中国が鴨緑江を渡るまで』岩波書店．
沈志華，2016，朱建榮訳『最後の「天朝」――毛沢東・金日成時代の中国と北朝鮮　上・下』岩波書店．

【朱　建榮】

# 第8章　日本はなぜ武器輸出の道を突き進んでいるのか？

　本章では、海外での武力行使を容認する安保法案が参議院で可決される約1年半前の2014年4月、第二次安倍政権で閣議決定した武器輸出解禁の動きについて論じる。
　なぜ、安倍政権が安保法制に先駆けて、日本が戦後47年にわたって、武器を海外に売らない、海外と作らないとして、守り続けてきた武器輸出三原則を撤廃し、武器輸出解禁の動きに踏み切ったのか。その背景とあわせて、2017年11月に行われた日米首脳会談でのトランプ大統領の「対日貿易赤字削減のため、米国製の武器の購入を」と発言した真意を分析し、なぜ、安倍政権が武器輸出拡大に突き進み続けるのか、市民はこれにどう対峙していくべきかを考えていきたい。

## 1　トランプにすり寄る安倍官邸

### （1）日米首脳会談

　「北朝鮮は核実験をし、弾道ミサイルの発射実験を日本の領土の上でやっている。看過できない。（オバマ政権時の）『戦略的忍耐』の時代は終わった」。2017年11月6日、アメリカ大統領就任後初のアジア歴訪で日本を訪れたトランプは、東京・迎賓館で記者会見し、相次ぐ北朝鮮のミサイル発射や核実験などの軍事的挑発にこう言い切り、北朝鮮を牽制した。
　「（安倍）首相は米国からさまざまな武器を購入する。そうすれば（北朝鮮の）ミサイルを撃ち落とせる。日本は武器を大量に買うべきで、（日本が買えば）多くの雇用が私たちのために生まれるし、日本ももっと安全になるはずだ」。ロ

イター通信の記者が，日本との700億ドル（約8兆円）に及ぶ貿易赤字問題について質問を投げると，トランプは，目を輝かし一気にまくしたてた。

一方，安倍首相は，トランプへの支持を「圧力を最大限まで高めることで完全に一致」と何度も繰り返し表明した。米軍との一体化を声高に会見で訴え続ける安倍首相や菅義偉官房長官の官邸会見をいつも聞き続けていると，政府は〝米国との一致〟〝圧力〟以外の選択肢をまったく模索していないのではとの不安に駆られる。実際，官邸周辺を取材しても北朝鮮との対話ツールが，小泉電撃訪朝時のように進んでいるとの話はつゆも聞こえてこない。

安倍首相は首脳会談の場で「日本は防衛装備品の多くを米国から購入。日本の防衛力を質的に，量的に拡充しないといけない」と明言し，購入を始めたステルス性戦闘機「F35」や迎撃するミサイル「SM3ブロック2A」に加え，イージス艦についても「米国からさらに購入するだろう」と応じた。

トランプのアジア歴訪でわかったのは，そこには米大統領としてよりも，ビジネスマンとしてのトランプが表に出ていたということだ。中国訪問への〝御礼〟として，中国政府は，中国企業の対米投資や米国製品の購入などで，総額28兆円に及ぶ巨額契約を結んだ途端，トランプは歴代の米大統領が繰り返し口にした「知的財産権の侵害」などいくつかの重要課題にはまったく触れずに米中首脳会談を終えた。経済上のパートナーとして米国にメリットをもたらす限りは，人権侵害などの非難は取るに足らずということか。中国からは，おそらく金さえぶら下げておけばよい〝汲みやすい相手〟と映ったのではないか。米大統領の品格があらためて問われる訪問だった。

安倍首相とトランプの蜜月ぶりは新聞各紙が詳細に論じていた。朝日新聞2017年11月3日の記事ではこう書かれる。

「シンゾー，北京でのレックス（ティラーソン国務長官）の発言をどう思うか」。10月4日，トランプ氏は電話で安倍首相に尋ねた。国務長官のティラーソン氏が，北朝鮮との対話を「探っている」と発言した際には，トランプ氏がツイッターで「小さなロケットマンと交渉しようとするのは時間の無駄だ」と書き込み，2人の路線に違いが出ていた時だった。安倍首相はティラーソン氏への評価を避けながら，「今は対話の時ではなく，圧力をかけていくことが大切だ」と返したという。

「大統領は，側近にも言わないことを安倍首相に相談することもある」。安倍首相は大統領選後，真っ先にお祝いの電話をかけ，世界の首脳に先駆けてニューヨークのト

ランプ・タワーまで会いに行った。その場にいたというハガティ米駐日大使は「安倍首相は大統領に素晴らしい印象を与えた」と振り返る

　トランプの大統領就任後から，日米首脳会談は4回行われ，公表された電話協議だけでも16回と異例の多さだが，両者の"蜜月"が意味する本当のところは何かについては，冷静に考える必要がある。ホワイトハウスでの取材経験が長く『乱流のホワイトハウス――トランプ vs. オバマ』（岩波書店）を記した朝日新聞の尾形聡彦記者が日米首脳会見の一場面をとらえ，東洋経済オンラインでこう分析する。

　　最大の焦点だった北朝鮮問題でも，両首脳の間には，微妙なずれが見え隠れしていた。……トランプ氏は11月6日の会見の質疑応答のなかで，意外な言葉も口にした。「北朝鮮の人々は，すばらしい人たちだ」「すべてがうまくいくことを望んでいる」と。トランプ氏は8月，北朝鮮に対して「炎と怒り」で対抗すると語り，核兵器の使用を連想させる強硬姿勢をみせた。9月の国連総会では，金正恩氏を「ロケットマン」と呼び，「完全に破壊する」とも威嚇した。しかし，訪日の際，金正恩氏を名指しで攻撃することを控え，さらに北朝鮮の人々を「すばらしい」とまで，褒めたのはなぜか。……トランプ氏は，日本時間の11月5日早朝，ハワイから日本へと向かう大統領専用機「エアフォース・ワン」の機中で，トランプ氏が記者からの質問に応じた際，記者から「北朝鮮の人々へのメッセージは？」と問われ，「彼らはすばらしい人たちだと思う。彼らは，勤勉だ。彼らは，温かい人たちで，世界が知っているよりもずっと温かい人々だ。彼らはすばらしい人々だ」とも語った。11月6日の東京での記者会見で，トランプ氏に同行してきたロイター通信の記者は「あなたは，昨日，北朝鮮の人々の温かさについて語りましたね。金正恩氏に対してはどんなメッセージを送りますか」と聞いた……この質問にトランプ氏は「北朝鮮の人々は，すばらしい人たちだ」「すべてがうまくいくことを望んでいる」と，エアフォース・ワンで語ったのと同じ言葉を繰り返したのだった

　尾形記者の分析にもとづき，日米首脳会談を読み解くと，トランプが北朝鮮の脅威を煽るどころか，北朝鮮の市民に対し対話につながるようなメッセージを送っていることがわかる。「北朝鮮の脅威」をテコに「最大限の圧力を」「（そのため）米国から武器を買う」と言い続ける安倍首相とは，北朝鮮へのメッセージがだいぶ違う。トランプが北朝鮮の市民に送ったような対話への契機ともとれるメッセージを，いまの安倍首相や菅官房長官が発した形跡は1つもない。

むしろ2人からは，北朝鮮との亀裂を深める言葉ばかりが並ぶ。

### (2) 伏線としての「デッドライン」

「残された時間は長くない。今年の暮れから来年にかけて北朝鮮の方針が変わらなければ緊張感を持って対応せねばならない時期になる」。北朝鮮への市民には温かいメッセージを送るトランプだが，米国は北朝鮮との間でのやりとりに何らかのデッドラインを設けているのかともみられる。2017年10月28日，国際関係や安全保障について日米の政府関係者や有識者が話し合った国際会議「富士山会合」の場で小野寺五典防衛相は，北朝鮮との関係が年内に緊迫する可能性を示唆し，トランプのアジア歴訪について，「トランプ氏の外交姿勢が成功裏に終わらなければ，緊張感をさらに増すだろう」と言及した。

アジア歴訪前にアメリカのハーバード・マクマスター国家安全保障問題担当大統領補佐官は，「軍事的に解決しなければならなくなる場合について真剣に考える必要がある。残された時間はなくなりつつある」と話した。マクマスター補佐官は，トランプが繰り返す「10のテーブルにある選択肢」のなかに，きわめて現実的な軍事オプションがあるのを認め，「北朝鮮の協力なしに，脅威を解決しなければならなくなる場合を想定し，必要となるすべての能力を確保するために，できることはすべてやらなければならない」とのコメントを一部の日本のメディアに伝えた。小野寺，マクマスターの両者の発言が抑止のための脅しだとしても，2017年の末から年明けまでに北朝鮮が何らかのアクション，核放棄やミサイル開発凍結などの動きに出ない場合は，アメリカが10ある選択肢のなかの軍事的オプションを選択する可能性があることを臭わせる。

## 2 武器輸出解禁後，増え続ける米国からの武器購入

### (1) 47年ぶりの武器輸出解禁

トランプが来日時に米国製武器の「大量購入」を要求したことは，日本政府内でも波紋を広げた。防衛費は6年連続増加を示しているが，財政状況から急激な増加は見込めない。そもそも武器輸出解禁などを受け，米国からの武器購入は急激に増えている。

菅官房長官は2017年11月7日の定例会見で「自衛隊の装備品は防衛計画の大綱や（5年ごとに大枠の予算と購入品を定める）中期防衛力整備計画（中期防）にもとづき，米国製を含めて計画的に取得している」とし，現行計画にない装備品の追加購入には慎重な姿勢を示したが，トランプは会見で「日本が大量の防衛装備を買うことが好ましい。そうすべきだ」と言い切り，翌8日には「訪日と安倍（晋三）首相との友情が，われわれの偉大な国に多くの利益をもたらしてくれる。軍事とエネルギーで莫大な発注があるだろう」とツイッター上でもつぶやいてみせた。日本歴訪は，米国製の軍備を買わせるためともいえるようなつぶやきだ。

2014年4月に第二次安倍政権によって行われた武器輸出解禁の動きは，日本にとって47年ぶりの政策の大転換だった。武器輸出を原則禁じてきた武器輸出三原則は1967年，佐藤栄作総理が国会答弁で表明したもので，①共産圏諸国への武器輸出は認められない，②国連決議により武器等の輸出が禁止されている国への武器輸出は認められない，③国際紛争の当事国または，そのおそれのある国への武器輸出は認められない。さらに1976年2月，三木赳夫首相が，「武器輸出についての政府の統一見解」を発表し，④三原則対象地域については「武器」の輸出を認めない，⑤三原則対象地域以外の地域については武器の輸出を慎む，⑥武器製造の関連設備の輸出については，武器に準じて（同様に）取り扱う。①から⑥をさして，武器輸出三原則等としてきた。以後，その時々で例外規定が設けられたが，基本的に日本政府は武器輸出へ慎重な態度をとってきた。その一方，自民党防衛族や経団体連に属する多くの防衛企業は，武器輸出の解禁を強く要望し，ことあるごとに武器輸出三原則の見直しは議論の俎上に載っていた。

そして，2014年4月，武器を原則輸出することを認める，防衛装備移転三原則が第二次安倍政権によって閣議決定される。三原則では①国連安全保障理事会の決議などに違反する国や紛争当事国には輸出しない，②輸出を認める場合を限定し，厳格審査する，③輸出は目的外使用や第三国移転について適正管理が確保される場合に限る，とした。新たな三原則により一定の審査を通れば，輸出が可能になり，これまでの「国際紛争の助長回避」という基本理念は明記されず，「紛争当事国になるおそれのある国」も外れた。新三原則で禁輸対象

となる国連決議などに違反しているとされる国は，現在，北朝鮮，イラク，ソマリアなど11か国のみ。現政府の認定では，紛争当事国はゼロ。イスラエルや中東諸国への輸出にも事実上制限がかからず，紛争に日本が加担する可能性は高まった。輸出の審査基準も「平和貢献・国際協力の積極的な推進に資する場合」，「わが国の安全保障に資する場合」と非常に曖昧で，政権の都合で拡大解釈される余地を残したままとなった。

　武器輸出解禁後，安倍政権は，武器輸出を具体的に進める数々の支援策を打ち出した。①武器輸出を行う企業への資金援助。国が出資して特殊法人や官民ファンドを設立し，この特殊法人が調達した資金などを財源に，武器輸出を行う企業に長期で低利融資できるというもの。②武器の整備や修繕，訓練なども売る「パッケージ販売」。武器輸出を進めるには，販売にとどまらず，定期的な整備や補修，訓練支援なども含めた「パッケージ」が必要とされるためだ。③に武器輸出版 ODA。武器の購入資金を低金利で貸し出すほか，政府自らも武器を買い取って，相手国に贈与するという仕組みだ。政府開発援助（ODA）とは別の枠組みだが，事実上の武器輸出版 ODA だ。④海外に低価，安価での武器販売ができるよう，2017年5月には自衛隊法を改正し，新興国などに中古の日本製武器を無償ないし，低価で提供できるようにした。⑤に国際協力銀行（JBIC）による貿易保険の適用だ。武器輸出を行う際は，契約を結んでも相手方の国が紛争や戦争などで，武器代金の支払いができないなどの状況が生じた場合，貿易保険を適用し，一時的に損失を税金で穴埋めするという仕組みを適用する。

## （2）日本の財政を圧迫する FMS 取引

　武器輸出解禁以降，米国からの武器購入額は大幅に増加しているが，その多くは，米政府の要求を受け入れなければならない政府間取引「FMS（対外有償軍事援助）」だ。FMS による武器購入額は，2008年から2012年度の5年間で計約3,647億円だったものが，2013年から2017年度は，計約1兆6,244億円と約4.5倍にはね上がった。要因は，尖閣諸島をめぐる中国や北朝鮮の相次ぐミサイル発射や核実験などが影響し，1基157億円といわれる F35 や無人偵察機「グローバルホーク」，大陸間弾道ミサイル防衛「イージス・システム」などの高

額な武器を導入することが一気に増えたからだ。

　F35は計42基の購入が決まっている。2018年度には，1基800億円といわれていた，陸上配備型の新型ミサイル迎撃システム「イージス・アショア」が2基とシステムなど総額計4,600億円を超えることが判明した。

　2018年末には，2019～2023年までの次期中期防が策定される。菅官房長官は，「装備品の購入は，中期防衛計画にのっとり進める」とするが，防衛省内では，米国からの武器購入での負担費増が年々問題になっている。滞空型の無人偵察機「グローバルホーク」は，廃棄までのライフコストが3基で約3,060億円にのぼり，防衛装備庁の当初見込みよりも費用が23％増えることが判明した。2017年に入り，継続購入の見直しが何度も検討されていたが，結局，アメリカ国防総省の要求などもあり，「北朝鮮への対応にも必要不可欠で，他の代替品では，領土や領海から離れた場所での情報収集ができない」などの理由で，継続購入が決定，2018年度の概算要求では144億円の予算要求が行われた。防衛省幹部は「想定以上に支払金額は高くなる。結局，米政府のご機嫌とりのために，継続的に高い武器を購入しなければ」とため息を漏らす。

## 3　官邸，各国へ日本の武器売り込み指示

### （1）哨戒機，輸送機を宣伝

　実際，安倍・菅官邸の指示による新興国への武器の売り込みは加速している，2016年4月，オーストラリアによる指名競争入札で，12隻総額計4兆2,000億円といわれる潜水艦の建造事業に日本も名乗り出た。潜水艦受注は逃した日本だが，官邸は相変わらず「完成型の武器輸出」にこだわりをみせる。オーストラリアへの輸出でフランスやドイツに続いて手をあげたことで，世界には「日本は本気で武器輸出をやる気だ」と思わせることに成功した。「日本の武器や技術が欲しい」，フィリピンなどの東南アジア，イスラエルなどの中東，ブラジル含む南米など，世界各国から防衛装備庁へ要望が寄せられるようになっている。

　潜水艦輸出の際は，機微情報の流出含め，かなり消極的な発言をしていた防衛企業幹部も「ビジネスでは採算が取れる。国策ならどの道もうやっていくし

かない」との声を取材で耳にするようになった。

川崎重工業は，2016年2月，新型輸送機C2の輸出をめざす「大型機輸出プロジェクトチーム」を立ち上げた。チームには，営業や設計に精通するエンジニアら20人ほどが集められ，防衛装備庁とともにさまざまな国への輸出戦略が練られている。2016年9月からは，ニュージーランドにP1哨戒機や輸送機C2の輸出協議を始めている。競争相手は，米大手のボーイングの「P8」や欧州エアバスの新型輸送機「A400M」など強豪がひしめいた。

潜水艦の時は，技術の流出や共同開発ができなくなったときのリスクなどを心配して，慎重な声をあげていた川崎重工業幹部も「P1の国産哨戒機は川重にとって40年来の悲願。コスト削減策でC2輸送機と一体の設計や開発が進み，大量生産も可能になった。強豪のボーイング社とも遜色なく競える」と話す。別の川崎重工業幹部も「受注できたら数千億円規模のビジネスになる。P1は，NECの音響探知機器『ソナーブイ』を備え，微弱電波をキャッチし自動解析する。IHIの高性能エンジンなどオールジャパンで製造した自信作。輸出になれば，派生するビジネスも多く，経済効果も期待できる」と話す。

潜水艦の時と同様，P1やC2を海外に本格的に売り出すことになった場合，検討されたのが，国際協力銀行（JBIC）が行う貿易保険による武器輸出への保障だ。大型のインフラを輸出する際には，失敗した時のリスクや契約不履行で巨額の負債を企業が負わないよう貿易保険が適用される。武器輸出でも，相手国の状況によって債務不履行が生じた場合，そのリスクを一時的に国民の税金で補うため貿易保険を適用することが検討された。これはイギリスへの原発輸出に貿易保険の適用が想定されているのと同様の仕組みだ。

しかし，蓋を開けると，2018年7月，ニュージーランドの国防相は，ボーイングP8を4基，総額計16億ドル（1,755億円）で調達し，2023年からニュージーランドでの運用を開始すると発表，アメリカやオーストラリアと連携して，軍事力を増強しつつある中国に対抗していく方針を打ち出した。

## （2）軍事版ODA

ニュージーランドに売り込みをかけるP1，C2とは別に力点を置くのが，東南アジア諸国はじめ，新興国に対する日本の中古の防衛装備品の輸出だ。改正

自衛隊法が2017年5月に成立したことで，世界各国に日本の中古の武器を低価ないし無償で出回らせることが，法制度上もまったく問題にならなくなった。

新法で武器輸出が想定されているのが，マレーシアへの P3C 哨戒機の無償供与だ。マレーシアは現在，2026年開業をめざすマレーシアのクアラルンプールとシンガポールを結ぶ高速鉄道の建設をめぐり，激しい受注競争が繰り広げられている。インドネシアでは，ライバル中国に新幹線建設事業を落札された日本は，マレーシアでの起死回生をねらう。

日本側を取り仕切るのは，加計学園の愛媛県今治市での獣医学部新設で，前川喜平・前文科事務次官が「影のキーパーソン」と評し，霞ヶ関官僚からも「影の総理」，「安倍・菅両氏の懐刀」とも評される和泉洋人首相補佐官といわれる。和泉補佐官は，新幹線輸出を含め，日本の経済協力インフラ戦略会議での実質的な現場の仕切り役を担う。インドネシアでの雪辱を晴らすために，今回の新幹線事業を何が何でも受注したいとする官邸は，新幹線受注の"裏工作"的な意味も含めて，P3C 哨戒機の無償供与とそれに伴っての修繕・訓練費など，武器を受け取る側の資金を日本政府が負担し，新興国へ輸出できるような"軍事版 ODA"の枠組み作りをねらう。

菅官房長官は会見で否定したが，2017年11月10日の閣議後，河野太郎外相，小野寺五典防衛相，岡本薫明財務省主計局長らを呼び出し，マレーシアへの防衛装備品の購入支援の枠組み作りの指示を出したとされる。

官邸は，本丸の新幹線受注に向けて，軍事版 ODA を作らせようとしている。このやり方には防衛省含めて政府内部からも「金さえ儲かればよいのか」「なぜ，自国の防衛装備品に金を費やすのでなく，新興国の武器輸出に国民の税金をかけるのか」など不満の声が出ている。

米国防総省の日本の民間企業の武器への取り込みも加速している。米国防総省は，武器輸出解禁後の2014年に続き，2016年11月末にも米国の防衛政策での連携強化を図るため，経産省を窓口に，日本企業約60社を招いて説明会を開催，米軍に技術や商品を売り込む際の必要な手続きの解説などが行われた。1回目の説明会後の12月上旬には，4日間にわたり，米側と日本企業の個別会談が開かれ，60企業から米軍が選んだ自動制御などに関する18社が米軍へ技術のプレゼンテーションを行っている。

## (3) 2018年度予算は過去最高の5兆1,900億円超

　2018年度の防衛省の予算は、過去最高で5兆1,900億円を超えた。概算要求では、6年連続の増額要求となった。ミサイルやレーダーを統制する自動警戒管制システム（JADGE）を4年で107億円かけて、改修していく費用も盛り込まれた。

　北朝鮮のミサイル技術が射程、質ともに向上している状況から、迎撃ミサイルの射程を2倍に延ばす改良型「SM3 ブロック 2A」の取得費を5年で657億円で計上。迎撃ミサイル「パトリオット」（PAC3）の改良型の取得にも205億円を要求した。自衛隊初の宇宙部隊創設に向けて、人工衛星を守るための監視システムの設計にも44億円が要求された。

　安倍政権は、表向きの「専守防衛」を掲げながらも、敵基地攻撃能力を含む新たなミサイルの技術を開発しようとの思惑が表れたのが、3種類の防衛ミサイルの研究開発費として計上された191億円だ。

　1つめは、島しょ防衛のためとして、高速滑空弾の研究に100億円が要求された。高速滑空弾は、米国や中国での研究が進んでいるが、大気圏内でロケットを切り離し、軌道を変えて目標を定め、射程数百キロとされる地上攻撃型のミサイルの一種だ。2つめに、対艦ミサイルの射程延長に77億円が計上された。地上だけでなく、空からも船からもミサイルを発射でき、小型トマホークのようなミサイル研究を行う。3つめは、北朝鮮が開発を進めているとされる、核爆発を起こし強力な電磁波を発生させ、電子機器を破壊する電磁パルス（EMP）の攻撃から、国内の情報や通信システムを守るための、EMP弾頭と保護技術の研究に14億円が計上された。これらのミサイル研究の内容は、400km超を射程とし、実態としては、北朝鮮や中国を視野に入れたミサイル研究である可能性が高い。かつ、これらの研究内容は、防衛省内の議論をほとんど経ずに、安倍・菅両氏が率いる官邸とNSC（国家安全保障会議）の指示で予算要求がされていることだ。防衛省よりも、むしろ政府・官邸とNSCがこの研究開発を進めることを推奨している。

## 4 進む軍学共同，抗う研究者たち

### （1）軍事研究を後押しする政府

　ミサイル研究だけではない。武器輸出を進め，軍産複合体国家を作るため，政府はこれまで民生品の開発に重点を置いてきた民間や大学の研究者を軍事研究に取り込む動きを加速させる。安保法制ができ，海外との軍事技術の競争に乗り遅れないためには，先端技術の開発を担う国内の研究機関や大学を巻き込む必要があると判断しているからだ。

　防衛省は2015年，初の助成金制度「安全保障技術研究推進制度」をスタートさせた。武器への将来の応用を想定し，防衛省の目的にかなう基礎的な研究を行う大学や民間などの研究者に最大3,900万円を3年間支給する。

　これまで，理化学研究所の行うダークマテリアルを使った光吸収体技術の開発，JAXAが行うマッハ5の極超音速エンジン技術の開発，東京電機大学の島田政信教授が行う，2機の無人機が放つレーダーで低速に動く物体を正確に捕捉する技術の研究などが採択された。いずれも戦闘機のエンジンや偵察・監視の無人機などへの転用が想定されている。

　2015年度は，10件ほどの募集枠に109の研究機関が応募，12倍を超える高い競争だったこの制度だが，2016年は蓋を開けると応募者が44件と半減した。その理由として，初年度に採択された前述の研究や採択機関が発表されて以降，研究者や市民を中心に，軍学共同に反対する署名活動やシンポジウムなど，数々の運動が影響したためといわれる。

　しかし，応募が半減した状況にもかかわらず，防衛省は2017年度の助成金制度への予算要求を5年で110億円とし，2016年度の6億円の18倍もの予算を要求，その後，査定に厳しいとされる財務省がなぜか満額回答し，110億円の予算をあっさり認めた。政府は，2017年度から制度を拡充，1件あたり最大3年で1億2,000万円の資金を，5年で1件30〜40億円規模となる制度にした。半導体や光学センサーなど高額な基礎研究を行う研究者の防衛技術への取り込みをねらう。

　結果，2017年度は104件の応募があり14機関が採択された。応募数は，2016

年度の44件から再び倍増し，15年度の109件と同規模に膨れ上がった。応募した研究機関をみると，「企業」が55件で最多で2016年度の5倍以上。一方，大学の応募は，初年度から半減した2016年度の23大学とほぼ同じ22大学だった。後述する研究者の代表機関である，日本学術会議が2017年3月に，軍事研究をしないとする新たな声明を出したことも影響し，全体としては，全国の大学は新制度への応募を手控えたところが多かった。

　日本学術会議では2016年5月から1年近く議論を重ね，2017年3月，安全保障と学術に関する検討委員会が，「過去の軍事目的の研究はしない」とする声明を継承する，との声明案を出し，幹事会の場で，全会一致で決定された。防衛省の助成金が急増するなか，防衛省の制度への応募の歯止めをねらい「政府の介入が著しく，学術の健全な発展という見地から問題が多い」と指摘，大学などの研究機関が研究の応募が適切かを「技術的・倫理的に審査する制度を設けるべきだ」とし，民生分野の資金の充実を求めた。

　防衛省の制度への応募禁止までは言及していないものの，新声明を受け防衛省の制度への応募を見直す動きが広がる。過去2年間応募してきた東京工業大学は，応募要領の見直しを決定，新要領が決まるまで制度への応募を禁止するとした。2015年11月の学生へのアンケート調査で軍事研究賛成派が反対派を上回る結果の出た筑波大学の永田恭介学長も，軍事研究への応募を認めない指針作りを3月に発表し，「一から学生と議論し同じ基準で考えられるようにしたい」とする。過去，応募を続けていた北海道大学や東京電機大学，神奈川工科大学，山口東京理科大学などでは2017年度の応募を見送った。

　一方で，2017年度の大型研究予算の研究を採択された研究機関のなかには，共同研究として4大学が含まれていたが，防衛省は大学の意向に配慮し「大学名や研究者名は公表しない」とし，大学の研究者が大型予算での防衛省の軍事研究に関与を始めたことも浮き彫りにされた。

　学術会議では，前会長で豊橋技術科学大学の大西隆学長が，「自衛のための研究は許されるべきだ」と発言し，安倍政権と歩調を合わせ軍学共同容認の路線を示していたことに批判と反発が強まっていたが，学術会議会員らの意思を反映してか，2017年10月2日，軍学共同に繰り返し懸念を示していた山極寿一京都大学総長が会長に選出された。山極会長は今後，常時，軍事研究に関して

議論のできる委員会を立ち上げたいとしている。

## （２）中東ドバイで初の武器展示会

　安倍政権の意向を受け，世界の武器見本市での日本の武器売り込みも加速している。2017年11月12日から中東のドバイで始まった世界最大の武器見本市「ドバイ航空ショー」には，米国のステルス性戦闘機「F22」はじめ，世界の名だたる戦闘機がずらりと並んだが，その一角に日本の海上自衛隊が使う新型輸送機C2も並んだ。フランスは，中東での対テロ戦争で多用し，中東各国やインドが購入を進める国産戦闘機「ラファール」を展示したが，そのすぐ近くで川崎重工業などが開発したC2が並ぶ。

　国内の防衛企業幹部によると，C2を展示した最大の理由は，UAE（アラブ首長国連邦）への商談を成功させたいからだという。2017年に入って以降，ニュージーランドと同様C2の輸出について，UAEの政府関係者と水面下での輸出交渉を進めており，「武器見本市で，UAE以外の中東各国への売り込みを加速させたい」（海上自衛隊幹部）との思惑があるようだ。潜水艦受注に失敗した官邸が，大型の武器輸出を成功させるために，中東やマレーシアなどに，大型の武器輸出を成功させるよう指示を与えていることが背景にある。

　潜水艦受注の際は慎重な意見を述べていた川崎重工業幹部だが，ドバイの武器見本市でのテレビ朝日の取材に，川崎重工業の並木佑之常務は「装備品の輸出を拡大できれば，われわれもビジネスとしてもやっていけるし，国の安全保障のお役にも立てるんじゃないかと」とコメント，積極的に武器輸出に乗り出す姿勢を露わにした。

　UAE国防省の幹部は，テレビ朝日の取材に，C2購入に前向きな考えを示し，イエメン内戦など，サウジアラビア主導の連合軍による軍事作戦に，日本のC2を投入する可能性にも言及していた。

　防衛省内では，中東諸国への武器輸出に慎重な意見も出ており，「中東が日本にとって巨大な武器市場になる可能性はあるが，ISILはじめ，紛争の絶えない中東諸国へ日本の武器を次々に売ることは，中東で起こる数々の戦争に日本が関わることに他ならない」（防衛企業幹部）と懸念も出ている。

## 5 アメリカの強かさ

### (1) アジア歴訪後,圧力をかけ続けるトランプ大統領

　過去四半世紀でアメリカ大統領としては最長の14日間のアジア歴訪を終えたトランプは,ワシントンで会見した際も「日本は防衛負担をより多く引き受けると約束した。これは米国の戦闘機やミサイル防衛などの最新鋭の装備を購入することを意味し,米国人労働者の雇用につながる」とし,米国の労働者の雇用創出に,安倍首相の武器購入の約束が,プラスになるかを繰り返した。しかし,はたして米国は,北朝鮮と本気で事を構える気があるのだろうか,実はほとんどないのではないか,ということがトランプ元側近のスティーブン・バノン前主席戦略官の話から浮かびあがる。

　大統領選でトランプ陣営の選挙対策本部を務め,保守強硬派として知られるバノンは,TPP離脱や不法移民排斥など,外交安保も含めた数々のトランプが打ち出した政策で強い影響力をもっていたといわれ,一時期は「影の大統領」とされた人物だ。

　バノンは,トランプのアジア歴訪中の2017年11月15日,NHKとの単独インタビューに応じ,北朝鮮への米国の対応について「北朝鮮情勢は,膠着しているわけではない。トランプ大統領は,北朝鮮問題の解決に向けたプロセスに関与している」と答え,「すべての選択肢はテーブルの上にあるが,私は,直接的な軍事行動はとても限られていると思う。北朝鮮は中国の従属国だ。米国と中国との直接交渉で対応すべきで,中国に圧力をかけ続けることが,北朝鮮の非核化につながる。それは中国の利益にもなる」と話し,中国が北朝鮮に石油の禁輸措置などの圧力を強化すべきだとの認識を示した。

　バノンの発言を裏づけるように,中国はトランプと習近平国家主席との対談後,中国特使で対外交流を担当する中央対外連絡部のトップ宋濤部長を北朝鮮に派遣,2017年11月17日には,北朝鮮の首都平壌で金正恩委員長の側近とされるチェ・リョンヘ副委員長と会談し,北朝鮮の核・ミサイルの開発問題について議論を行った。トランプは中国特使と北朝鮮高官の会談前日の16日,ツイッター上で「大きな動きだ。何が起きるかみてみよう」と書き込み,中国と北朝

鮮との交渉に期待を寄せていた。バノンの発言や中国と北朝鮮の外交筋の動きをみる限り、トランプは北朝鮮の脅威を煽りながらも、戦争が回避される方向での話し合いを水面下で模索しているように見受けられる。

　トランプにとって最大の関心は、中国を中心にアジア各国との二国間貿易を拡大させ、米国の雇用を生み、米国経済を繁栄させることだろう。それが国内の支持基盤を強めると考えるトランプにとっては、北朝鮮と戦争を起こすことが米国にとって得策ではないことを、アジア歴訪や28兆円もの中国との巨額契約を含めて、痛感した可能性が高い。

　米国は北朝鮮との戦争の選択を優先順位からは下げており、リスクを見越し開戦に踏み切るよりも、脅威を強調しながら、アジア各国との貿易不均衡の是正を要求し続けることこそが、トランプのアジア歴訪の最大の目的だったのではないか。

　実際、米議会調査局は2017年10月、北朝鮮との戦争で、米国民10〜50万人を含め、南北で2,500万人に被害が及ぶこと、戦闘開始から数時間で数十万人の韓国国民が死亡し、場合によれば核兵器を使い、日本や在日米軍基地を最初に攻撃する可能性にも言及している。米国は、現実的には戦争回避のシナリオを描きながらも、日本やアジア各国に「北朝鮮の脅威」を餌に、防衛ミサイル・システムはじめ、F35などの高額な武器を売り続けている。

### (2) トランプ大統領就任以来、ロッキード社の株価は85％増

　トランプ大統領就任以来、米国の軍事企業の株価は軒並み高価格を維持、最大手のロッキード・マーティンの株価は最高値で就任前の85％増にまで膨れ上がった。戦争の脅威を煽ることで、巨額の富を米国の軍産複合体は築き上げている。「戦争脅威ビジネス」の流れは、トランプ政権の下で今後も加速していく。かつ、安倍政権が武器輸出解禁や安保法制容認に踏み切ったことで、日本の武器市場が米国の軍産複合体に奪われていく実態が浮き彫りになっている。結果、日本は新たな市場を求めて、東南アジアを中心に新興国への武器輸出を加速させようとする状況が生まれている。

　日本政府は表向き、武器輸出について「日本の安全保障を強化するため」「世界最先端の武器開発の流れに取り残されないために」とその意義を強調する

が，防衛省や防衛企業の幹部からは「米政府からの高額な武器購入が続き，海外への輸出を進めなければ，日本の防衛産業が成り立たなくなる」との焦りの言葉が続く。

ロッキードCEOのマリリン・ヒューソンは，2015年1月の決算総会で「中東地域以外の成長市場はアジア太平洋諸国だ。アジア太平洋諸国は，北朝鮮をめぐる不穏な情勢が地域の不安定性を高め，日中間にも緊張が走る。両者はともに成長市場でわが社の能力を役立てる機会が今後も続くと期待する」と述べた。ロッキードの2014年の売上げの20％が海外への武器輸出だったが，ヒューソンは今後数年でこの数値を25％にまで引き上げたいとしている。

## 6　日本は米国型の軍産複合体をめざすのか

米国型の軍産複合体国家を，日本は安倍政権の下でめざし続けるのか。軍産複合体国家が世界に勃興し，肥大化していくことは，世界各地で新たな憎しみが生まれ，テロに連鎖し，東アジア全体が不安定化し，中東諸国のような戦争の惨禍に見舞われかねない。

安倍政権は，「米国と完全に一致」といいながら，米国の巨大な軍産複合体の流れに日本を組み込み始めている。米国のミニチュア版ともいえる軍産複合体国家の建設を武器輸出や軍学共同をテコに推し進めようとしている。

憲法9条を中心に戦争しない国づくりをめざし，米国のように軍需でなく民需で発展してきた世界に例のない歴史を日本は歩んできた。しかし，この歴史がいま，大きく塗り替えられようとしている。安倍政権が描く軍産複合体国家のありようははたして，私たち日本人が未来に向かって進むべき道なのか。戦後，平和国家としての礎を築いてきた日本がいま，大きく政権の意向によって国のかたちが変えられようとしている。

政治を変えるのは，名もなき一人一人の市民の力だ。平和国家の礎を壊さないためにも，政権の進める方向にきっぱりとノーを突きつける必要がある。声なき声を政治の場に届け続けなければいけない。安倍総裁の3選後，自民党は憲法9条の3項加憲や緊急事態条項の創設などをめざした議論を加速させていくだろう。世界に対し，日本をどういう旗印で伝え続けたいのか。私たち一人

一人が考え問い続けなければいけない。戦後，GHQ のマッカーサー司令官に戦争放棄を提案した幣原喜重郎元首相の言葉を最後に紹介しておく。

> 非武装宣言とは従来の観念からすれば全く狂気の沙汰である。だが今では正気の沙汰とは何かということである。武装宣言が正気の沙汰か。それこそ狂気の沙汰だという結論は考えに考え抜いた結果もう出ている。要するに世界はいま一人の狂人を必要としている。何人が自ら買って出て狂人とならない限り，世界は軍拡競争の蟻地獄から抜け出すことができないのである。これは素晴らしい狂人である。世界史の扉を開く狂人である。その歴史的使命を日本が果たすのだ。
>
> （『日本国憲法──9 条に込められた魂』鉄筆文庫）

## ディスカッション

① 日本は武器輸出政策を進めるべきか。

## 参考文献

池内了・青井未帆・杉原浩司編，2017，『亡国の武器輸出──防衛装備移転三原則は何をもたらすか』合同出版.

池内了・古賀茂明・杉原浩司・望月衣塑子，2016，『武器輸出大国ニッポンでいいのか』あけび書房.

ハートゥング，ウィリアム・D., 2012, 玉置悟訳『ロッキード・マーティン 巨大軍需企業の内幕』草思社.

ファインスタイン，アンドルー，2015，村上和久訳『武器ビジネス──マネーと戦争の「最前線」』上・下』原書房.

望月衣塑子，2016，『武器輸出と日本企業』KADOKAWA.

【望月衣塑子】

# 第Ⅲ部──宗教と地域紛争・テロ

# 第9章　ロシアの正教和解はなぜ実現したのか？

> 　ロシア革命とソ連邦ははたして無神論の世界だったのか。21世紀に入って出始めた新しい史料や解釈からは，むしろ1666年のロシア正教会分裂に伴う変化がその後のロシア社会に与えた衝撃が重要であったことを示している。本来は保守派である古儀式派がロシア正教内の「プロテスタント」として帝国と一体化した正教会に静かに対抗したことの政治，経済，社会変容が，20世紀ロシアの二度の革命をもたらした。彼らは永遠の反乱者でもあり，同時に20世紀はじめの社会資本を提供，また「ソビエト」活動にも同派の刻印が根強く残った。
> 　無神論者であるレーニンは同派のインパクトを秘書のボンチ・ブルエビッチを通じていち早く政治スローガン化し，ソビエト権力を「十月革命」で掌握したが，同時に初期の党内反対派にも同派が関係した。同派の誕生と絡むウクライナとロシアとの差違は，その後「大祖国戦争」，スターリン批判，ソ連崩壊，そして現代の民族紛争にも絡むことになった。

## 1　はじめに

　2017年11月は，世界史に名を残した2つの大事件が起きた記念の月となった。つまりプロテスタンティズムの起源となったルターの宗教改革からちょうど500周年，そしてロシア十月革命から100年目であった。ロシア革命はグレゴリオ暦では13日ずれるため今の暦では11月となる。共に現代にも影響する世界史の画期である。

　もとよりこの2つの事象に直接の関係があるわけではない。それどころか一般的な認識では西欧とは異なって正教会のもとのロシアでは宗教改革もなく，

第9章　ロシアの正教和解はなぜ実現したのか？

国家と教会との分離が遅れ，このことが政教関係，ひいては社会発展の差違となって現れたとされている。

同じキリスト教でも西欧のそれは世俗国家と宗教とは直接には無関係であるのに対し，東方正教会が支配的な地域では，国家と教会との「交響」的な関係が基調となることで両者は区別されると多くの論者は考えてきた。前者では個人主義が優勢となったのに対し，後者では左派的な国家主義と協同主義がみられた，とキリスト教各派の社会倫理を研究した世界銀行の S. ジャンコフと E. ニコロバは指摘する（http://documents.worldbank.org/curated/en/303241522775925061/pdf/WPS8399.pdf）。ロシア正教会のロシアでは一転して革命が生じ，無神論の権力が登場した。

ところが21世紀になって革命を含めたロシア・ソ連史の見直しが始まると，それほど事態は截然と区別されるものではないことがわかってきた。なかでもロシアにおける17世紀の教会分裂，その結果としての正教異端派としての「古儀式派」の誕生に由来する研究が深化し，正教内のプロテスタントとでもいうべき傾向が明らかになった。同時にロシア革命との接点が意外に根深いことが判明した。この結果，ロシア正教会分裂のインパクトが1905～17年以降の革命と「ソビエト」建設，そしてソ連崩壊といった一連の事象にまで与えてきた影響についての研究が重視されだしている（Pyzhikov 2015；下斗米 2013）。しかもこの古儀式派ルネサンスとでもいうべき徴候に伴って，他ならぬロシア革命やソ連期との関係を重視すべきであるという見解が，この10年ほど出てきている。

つまり1905年の「ソビエト」運動，1917年のロシア革命，レーニンをはじめボリシェビキ（のち1918年からのロシア共産党）が成就させた革命の陰に，「古儀式派」と呼ばれるロシア正教会の異端派の影響があったことも次第に認識され始めてきた。筆者も2013年に『ロシアとソ連 歴史に消された者たち──古儀式派が変えた超大国の歴史』を上梓，従来の宗教的要素に目を閉じてきた考えのロシア革命論に異を唱えた。共にこの潮流を異端視，弾圧したロシア帝国からソビエト連邦へと連綿に続く当局の古儀式派への抑圧と宣伝に，研究者までもが無自覚であったということなのだ。かつて「ソビエト」研究に生涯を捧げた研究者，渓内謙はその歴史的起源について沈黙を守ったが，いまこれが，

教会を所有することを許されなかった古儀式派無司祭派が企業や農村、そして兵舎で有していたネットワークに由来するという考え方が史実をもって議論されている（下斗米 2017）。

それではロシア革命と教会分裂の影響、正教異端派の関わりとは具体的には何なのか。

こういったロシアの政治と宗教の関わりに関心があるものからすれば、ロシア革命100年の記念の年である2017年は、実に350年ぶりの教会分裂から政教和解へと舵をとった記念的な年ともなった。3月16日にプーチン大統領は、これまで異端とされたロシア古儀式派教会のコルニーリー府主教とクレムリンで会見、このことによってロシア正教最大の反対派、古儀式派との和解を行った。

もちろん現代のロシア連邦は憲法上の世俗国家であって、特定の宗派を厚遇したり差別したりすることはありえない。それでも差別され抑圧された宗派の代表が国家元首と公式に会見したことの意義は大きい。それどころかプーチン大統領個人はこの潮流にあたかも思い入れがあるかのように、5月末にも彼らの総本山、モスクワ市南東部のロゴジスコエの司祭派の教会を訪問している。ちなみにプーチンの故郷は古儀式派の強いトゥベーリであるが、プーチン一族の研究者は彼の縁戚に古儀式派関係者が輩出していることを指摘している（下斗米 2016）。

それとともに宗教和解を促す目的もあるのであろうが、11月半ばにプーチン大統領はメドベージェフ首相とともに、この教会分裂（ラスコル）のもう一方の主役、ニーコン総主教が作った「新エルサレム」を訪問し、その修復活動を視察した。この施設はイスラム教の台頭で聖地エルサレムを巡礼できない正教徒のために17世紀モスクワ郊外にニーコン総主教によって作られたものだった。それがナチス・ドイツにより破壊されてきた。つまりプーチン指導部は、350年前の1667年に分裂した正教会の両派に和解の手を間接的だが差し伸べたことになる。

あらためて現代ロシアにおけるロシアの教会分裂の今日的インパクトを考察するのに十分であった。なぜならそれは他ならぬ100年前のロシア革命もまたこの教会分裂が起きた間接的な理由となっていたことを図らずも明らかにしている。

第 9 章 ロシアの正教和解はなぜ実現したのか？

## 2 古儀式派とは何か

　古儀式派とは，米国の碩学ジェームス・ビリントンらも示唆するように，ロシア正教会内の17世紀半ばのニーコン総主教の典礼改革に反対して破門された保守派の謂である（ビリントン）。

**【古儀式派】**
　1666年にニーコン総主教が踏み切った儀式改革を拒否し，伝統的な仕方を守ってロシア正教会から分離した諸教派の総称。分離派（ラスコリニキ）はドストエフスキーの「罪と罰」の主人公ラスコリニコフの名前の由来としても知られる。対立は信仰の教義の本質に関わるものではなかったが，古儀式派は破門されて国家権力から迫害を受けた。ちなみにドストエフスキーの本の出版は1866年，つまりこの歴史的分裂200周年記念出版でもあった。

　当時の改革派と保守派との主な対立点とは代表的には十字の切り方であった。ニーコン総主教は父と子，聖霊の三位一体を示す三本指で十字を切る仕方を導入した。一方の古儀式派はイエス・キリストの神性と人性を表す二本指で切るという旧来の仕方に固執した。総じて保守派はひざまずいて叩頭するなど旧来の伝統に従った。また古儀式派はイエスを Isus と表記したが，ニーコン主流派は Iisus と記した。また古儀式派は十字行を時計回りでなく，太陽に従うなど20世紀前の東方の太陽信仰の異教的ニュアンスも保持してきた。
　しかしこの単なる儀式上の違いがなぜ深刻な事件に発展したのか。これまで世界史や国際政治史では，ウェストファリア的な政教分離の考え方に影響され，このロシアでの教会分裂を含めた宗教の政治的インパクトを軽視してきた。欧米の主流派の歴史家はそもそも正教会の分裂をほとんど認識していなかったし，ロシアでもクリュチェフスキーからミリュコフ，初期ボリシェビキ政権のポクロフスキー，ニコリスキーといった歴史家を例外として，ほとんど無視してきた。
　古儀式派を重視した歴史家によれば，教会分裂が生じた理由は以下のとおりである。東方正教会で最も権威があったギリシャの聖職者たちが提唱した儀式改革がロシア正教会での改革に至った。背後には「第二のローマ」と呼ばれた

第Ⅲ部　宗教と地域紛争・テロ

聖地コンスタンティノープル（現イスタンブール）を，異教徒のオスマン帝国から取り戻すため，軍事的勢いのあった北東ロシア，モスクワの取り込みを図ったという宗教政治的事情がある。オスマン帝国はコンスタンティノープルを都としたビザンツ帝国（東ローマ帝国）を滅ぼし，やはりイスタンブールと改めた首都を置いた。これに対しギリシャの聖職者は東西ローマの和解といったかたちで，カトリック色の強いウクライナを正教ロシアと合体させることにより黒海の対岸にある「第二のローマ」奪還を歴史的な課題とした。

しかしモスクワを中心としたロシアの正教保守派は必ずしもこう考えなかった。彼らはロシアのツァー（皇帝）はビザンツ帝国の皇女と結婚した。だから「第二のローマ」が滅んだ後はモスクワが「第三のローマ」になったという理念が，プスコフの聖職者フィロフェイによって提唱され，それなりに受け入れられていた。古儀式派はこの考えを深く信じた。自分たちは世界の中心だ。彼らからすればのちのロシア帝国主流や正教会主流が企図したような露土戦争を通じたイスタンブールのキリスト教徒による奪還，つまり「第二のローマ」を取り返す必要はないというわけである。

ちなみに世界史上露土戦争は少なくとも12回戦われたが，その宗教政治的含意はこれまでの世俗化を重視する世界史ではほとんど触れられなかった。しかしこの宗教的背景抜きに近代ロシアがらみの政治を理解することは難しい。

こうして古儀式派は正教会主流派と帝国の抑圧に抗し，抑圧に耐え，多くは極北や白海沿岸などで築きあげた厳しい信仰を守ってきた。勤労を旨とするある種の原始共産主義的な道徳観，勤労観をもっていた。彼らは当然南部ウクライナで強いカトリック系ユニエイト派，つまりローマ教皇が叙任権をもつ正教宗派の「緩さ」とは合わない。彼らはロシアがウクライナを取り込んだ正教帝国になることに反対であった。こうした背景をもつニーコン改革をめぐっては，儀式上の宗教論争がモスクワとウクライナなど半カトリック世界との地政学も絡む儀式論争に変質した。

つまり古儀式派問題は優れてロシアとウクライナの関係という現代的問題の遠因でもある。同時に古儀式派とは主流派の「帝国」に抗した「ロシア国民国家」の萌芽でもあった。この解釈は古くは歴史家で二月革命時の外相ミリュコフや，現代の歴史家ズーボフが採用，筆者も1999年の『ロシア世界』でズーボ

フの意見をとり入れて帝国と国民国家の潜在的対立を指摘している。反帝国派である古儀式派の勢いは19世紀半ばのクリミア戦争，そして日露戦争といった，「正教帝国」の敗北によって勢いを得た。事実ナロードニキの祖であるゲルツェンが彼らとの提携を模索したようにロシア改革派の中心にはこの宗教潮流が見え隠れした。

## 3　古儀式派とロシア革命

　それではこのような宗教的異端派がどうしてロシア革命で宗教を否定したとされた「ソビエト権力」に絡んでいくのか。日露戦争の敗北から第一次世界大戦時のロシア革命を通じた時期の，ソビエトをめぐるレーニンと古儀式派との隠れた関係を見直す必要があろう。古儀式派にとっての黄金時代と呼ばれた1905年革命以降の宗教と改革，革命との関係に関わるはずである。しかし従来の近代化論やマルクス主義などからする「革命」解釈ではこの重要な問題提起が完全に欠落していた。

　1つのキーワードは「ソビエト」，その起源である。ソビエトとは日本語では「会議」とか評議会と訳されるが，これが1905年の日露戦争の敗北後，モスクワやその近郊のイワノボ・ボズネセンスク（現イワノボ）で生まれたことはレーニンも認め，スターリン時代以降の教科書にも記述された。しかしこの地が古儀式派の優勢な地域であり，工場のオーナーや労働者の多くが古儀式派であったことは無神論が賞揚されたソ連期から最近まで黙殺されてきた。

　しかし19世紀初めからこの地の繊維工業を担ったのは当局に弾圧されて教会をもてない古儀式派であった。とくにナポレオンの侵攻とモスクワ大火で古儀式派無司祭派の信徒が移り住んだ結果，繊維産業が栄え「ロシアのマンチェスター」の異名をとったイワノボ・ボズネセンスクにおいて顕著であった。工場などを舞台に長老を選んで宗教関連の行事を密かに行ったりしたのがソビエトの起源である。1905年には宗教寛容令とともにソビエト運動が公然化した。古儀式派の影響が強いボルガ沿岸，ことに「ヨハネ昇天」という語義の土地で，しかも4月の宗教寛容令が出た直後の5月に生じたことは従来の労働運動史史観では無視されてきた。

そのソビエト運動がレーニンのボリシェビキ党など政治党派の関与なしに生まれたこと自体はよく知られている（下斗米 2017）。それでは誰が組織したのか。こうして古儀式派の存在が別の角度から見直された。日露戦争では古儀式派信徒の多いコサック兵も大量動員されたが，彼らは国教会に抗する異端という理由で弔の儀式なしに満洲の地に当初放置されたからだ。これに赤十字関連で参観したグチコフ（2月革命時の陸海軍大臣）など古儀式派「商人」が激怒した。こうして経済の実権を握り始めていた「古儀式派資本」が反帝政に動き，民主化革命を主導し，宗教寛容令を得た。

1905年日露戦争での帝国の敗北によって「ソビエト」運動がもっぱらロシア人地域，つまり主として古儀式派地域を中心に生まれた。なかでもソビエトが最初に生まれたイワノボ・ボズネセンスクをはじめ，ニジニ・ノブゴロド，サマーラ，ビャトカといった地域が，むしろ古儀式派にとっての聖都モスクワや首都サンクトペテルブルクと並んで，あるいは先行して，ソビエトができていたことに注目したい。同年秋にできたモスクワなどのソビエトは武装蜂起をめざす政治化した組織となった。

ロシア帝国の労働運動は，南西部の，つまりウクライナやポーランドではメンシェビキ系が強く，北東部ではボリシェビキ系が強かったといわれる。前者がウニエイト系とユダヤ教の拠点であり，北東部はボリシェビキの拠点であった。ちなみにウクライナで例外的にソビエトが生まれたのはオデッサであるが，ここはメンシェビキ系のロシア人指導者ポトレソフ（党名は古信仰－古儀式派の意）らの拠点であり，彼らは第一次世界大戦中には戦時工業委員会の古儀式派資本家に対応して同委員会の労働者部の拠点となる。大戦中は欧州との同盟の下で戦争継続を主張した。ちなみにロシア革命での革命家研究ではもっぱらレーニンやトロツキーといった反戦的，左派的指導者やユダヤ系活動家に関心が向きがちであるが，ロシア社会民主労働党の主流派は「イスクラ」創設を含め古儀式派との接点の強いポトレソフであったこと，1917年の党内でも社会民主労働党再結集の動きが無視できなかったことは注目していいだろう。

この流れは第一次世界大戦を通じて余計強まった。1917年の2月革命で実権を握ることになった「自由主義者」というのは，実はグチコフ（十月党，2月革命での陸海軍大臣）も，通産大臣のコノバロフ（進歩党）も，テレシェンコ財

相もいずれも古儀式派の資本家であった。しかもこの時再生したソビエトとは，明らかに古儀式派企業内での政治と宗教，企業活動を包括した組織から広く農民兵らを組織したものに成長した。それまでソビエトに関心のなかったレーニンが1917年4月に帰国してソビエトを軸に社会主義革命を訴えたことは，多くの党員を驚かせたが，政治的勘は正しかった。このソビエト組織は1917年夏には「純ロシア的現象」であったと当時スターリンも党大会で報告していた。ロシアは古儀式派の本来的基盤であることに注目したい。

　宗教的には無神論者とされるレーニンだが，1903年の第2回党大会以降秘書のボンチ・ブルエビッチを通じて連絡を保っていた古儀式派をうまく利用していた。ちなみにそのころ古儀式派信徒は1899年の人口調査などでは全国で公称200万とされたが，当局の弾圧を考えるとその10倍以上はあるというのが古儀式派研究者の常識である。ちなみにボンチ・ブルエビッチは第2回社会民主労働党大会への報告で2,000万人と推計したが，同じころリベラル派の歴史家で2月革命の外相となるミリュコフも同様の数字をはじき出した（下斗米 2013：98）。

　第一次世界大戦で動員された1,300万の農民兵たちにレーニンは社会主義をわかりやすく説いた。「働かざる者食うべからず」とか「一人は全員のため，全員は一人のため」という精神が社会主義だ。こうしたスローガンは古儀式派のもつ社会倫理観とも重なった。1917年当初わずか5,000名しかいなかったボリシェビキ党のレーニンは，社会民主労働党統一をめざす党内でも孤立していたが，農民を味方につけた。「全権力をソビエトへ」，「土地は農民のもの」と。十月革命で臨時政府を倒した背景には，レーニンの巧みなプロパガンダ能力があった。

　わずか数か月でソビエトの急成長を追い風に，レーニンはこうして11月に権力を掌握した。そのやり方はクーデターまがいではあったが，戦争に倦んだ民衆の支持は得た。多くの農民たちのなかにはボリシェビキと家長を意味するボリシャクとを区別できなかった者もいた。レーニンの新政策である土地の社会化を農民は革命権力が土地を与えるものと誤解した。

　こうして誕生したロシア革命政府は首都を1918年3月までにペトログラードからモスクワへ移す。というのも「モスクワは第三のローマ」と信じる古儀式

第Ⅲ部　宗教と地域紛争・テロ

派大衆にとってはピョートル大帝とその帝都は「アンチ・クリスト（悪魔）」であったからだ。レーニンは巧みにこれを「第三インターナショナル（コミンテルン）」と読み替えていく。

　もっとも1943年スターリンはコミンテルンを解散，かわりに正教会を復活，ギリシャ，ユーゴなど正教世界でのソビエト支持派のためにモスクワが反ファシズムの「第三のローマ」であることを鮮明にすることになる。ちなみに戦争中スターリンは首都をボルガ沿岸のクイビシェフ（サマーラ）においたが，ここもまた古儀式派の拠点であり，1905年革命では古儀式派系ボリシェビキのE. ビローノフが同ソビエトを指導した経緯がある。その後彼は，当時レーニンと対立して建神論を唱えて古儀式派徒の連携を図ったマクシム・ゴーリキーのイタリアの別荘で開かれた中央工業州（つまり古儀式派の有力な地域）の活動家養成学校カプリ学校の校長であった（下斗米 2017：96）。

　しかしまもなく革命権力と農民との同床異夢も穀物や馬の強制調達で終わった。内戦では革命派も反革命派もテロを行使した。レーニン自身も1918年夏SR 派からの暗殺未遂に遭った。1921年にはクロンシュタンット反乱が起きたとき「コムニストなきソビエト」運動が広範な支持を得た。そのこともあってレーニンは NEP という市場経済再導入を決める。晩年彼はテロをおそれモスクワ郊外のゴルキ・レーニンスキエ村に隠棲(いんせい)する。ここは今日もれっきとした古儀式派の村だ。ボリシェビキ党に寄付したことで有名な古儀式派の大資本家だったサッバ・モロゾフの別荘でレーニンは晩年を暮らした。ちなみにそこでコックとして働いたのが，プーチン大統領の祖父スピリドンである。

## 4　ソビエト国家と古儀式派

　これまでは無神論者で政教分離，実態は正教会への呵責(かしゃく)なき弾圧をはかってきたと思われてきたソ連邦の共産党や国家の最高指導部だが，新しい解釈ではむしろ古儀式派系の一群の活動家であった。ここで古儀式派系とは両親の少なくとも一方が古儀式派信徒である共産党員をここでは念頭に置いている。どちらかというと党もそうだが，むしろ人民委員会議と呼ばれた政府やソビエト諸機関である。レーニンと古儀式派との縁戚関係は不明だが，ソ連2代目の首相

のアレクセイ・ルイコフ（1924-30），3代目首相のビャチェスラフ・モロトフ（1930-41）は共に古儀式派の拠点ビャトカ（現キーロフ）出身，しかも隣家の関係だ。その後の首相は1958年のフルシチョフまでは，マレンコフ（1952-55）だとか，後継のニコライ・ブルガーニン（1955-57）だとかの首相はいずれも古儀式系である。1953年のスターリンの死の時点で彼の周りにいた政治局員クラスの政治家の多くは古儀式派徒の関係が想定できる。ちがうのはフルシチョフ共産党（第一）書記をふくめ，アルメニアのミコヤン，それにユダヤ系のカガノビッチ程度である。ロシアの政治史家ピジコフが，古儀式派を初期の異端的コムニストとの関係だけでなく後期スターリン主義との関連で論じるのは間違いではない（Pyzhikov 2015）。

　おそらくこの転機となったのは1956年2月からの第20回共産党大会でのスターリン批判とウクライナ系のフルシチョフ権力の誕生である。1957年に古儀式派系のモロトフ，ブルガーニン，マレンコフらを解任，権力をブレジネフのような南部軍産部門出身者で固めるとソビエト権力の脱ソビエト化が始まった。最後の古儀式派系最高ソビエト議長だったボロシーロフが1960年になるとこの傾向がはっきりする。事実ソビエトを列国議会同盟に参加させることで脱ソビエト化，議会主義化をはかったのは，ウクライナとの関係が深いフルシチョフやフィンランド系のクーシネンらであった。

　国家権力機関となったソビエト中央執行委員会（のち最高会議幹部会）議長といったソビエト機関のトップも，ミハイル・カリーニン（1919-38）やアンドレイ・ジダーノフ（ロシアとソ連，1938-47），ニコライ・シュベルニク（1946-53），クリメント・ボロシーロフ（1953-60）等古儀式派出身が多い。また後者のように赤軍関係者にも古儀式系が多いのはロシア民族主義の背景も関係するだろう。ジューコフ将軍は夫人が古儀式派，ワシレフスキー元帥などもそうである。モスクワ攻防戦の英雄，A.ベロボロドフ将軍はイルクーツクの古儀式派であったが，彼の配下のシベリア軍団には「モスクワは第三のローマ」の観念のほうが，インターナショナルより重要であった。

　60年代までに彼らの政治的影響力はフルシチョフの台頭とともに低下した。もっとも米ソデタントのもとブレジネフの18年間にソ連の経済もまた後退する。このことに緊張感をもったのは古儀式派的背景をもつ北部軍産部門と古儀

式派系政治家のアンドロポフ、ウスチノフであった。彼らは長く外相を務めたアンドレイ・グロムイコと組んで、レーガン政権に対抗して改革運動を始めようとする。ちなみにソ連末期に宗教解禁への道筋をつけたのはグロムイコであるが、彼はソ連晩年の公式回想録のなかで自己の出自は古儀式派出身だと明かしている。

## 5　おわりに

　1991年のソ連崩壊にも、古儀式派的世界観は大きく関係した。ウクライナとロシアとは区別されるべきだという考えは、先にも指摘したようにもともとはロシア正教会内部での親カトリック的潮流ユニエイトと、カトリックとの和解に反対してモスクワを真の都と考える古儀式派との対立という宗教的な背景がある。

　それまで事実上単一国家であったソ連邦でゴルバチョフが政治改革を行い、共和国の権限を強めた途端、ロシアとウクライナとの対立が表面化した。1991年8月ゴルバチョフに反対するクーデターが敗北した結果、ウクライナでは民族主義潮流だけでなく軍産複合体の保守派までもが反連邦を掲げて独立をめざした。そうでなくともロシア内部でもボリス・エリツィンが反連邦、反ゴルバチョフで動いていた。ちなみにエリツィンはウラル出身古儀式派の末裔である (Colton, Minaev)。

　こうしてソ連が崩壊したのは1991年末のことであった。ウクライナは不要だとしたエリツィンのロシア一国主義は古儀式派の思想に通じる。ゴルバチョフは緩いソ連邦存続を図ったが、クーデター後ウクライナの世論が独立に走りソ連は崩壊。ゴルバチョフは居場所を失った。あたかもニーコン改革をきっかけとした宗教対立がよみがえったような図式だった。

　2014年以降のウクライナ危機の深層にあるのも、実は宗教に由来するこの世界観の違いである。ロシアが古儀式派に傾けば、ウクライナはユニエイト（東方典礼カトリック教会）という、人事権をローマ法王が握る半カトリック的正教にたなびく。正確にいえば、東部ウクライナはモスクワ派ロシア正教会が支配し、ロシア語地域であるのに対し、西ウクライナはかつて第二次世界大戦中に

ナチスに傾斜したユニエイト系の世界である。

　考えれば二度の世界大戦が起きた20世紀は，敵と味方をはっきりさせなくてはいけない時代だった。2つの世界大戦がとくに共産主義のイデオロギーを生んだ。しかし彼らは神は死んだと呼号したが実態は違っていた。歴史を動かすのはイデオロギーよりも深いものだ。

　言葉を換えると宗教は21世紀の政治の世界では重要なソフトパワー，否ハイブリッド戦争の構成要素ともなる。ウクライナ紛争でプーチンが有効に使った宗教は中東での米国の後退とロシアの台頭につながった。ロシアとトルコ（エルドワン）の和解にも関係した。もっともいまウクライナ最大の正教宗派であるモスクワ派正教会をモスクワ（キリル総主教）の管轄から外し，コンスタンチノープル総主教が統制する計画が欧米主導で進行中という。神もその政治利用も決して死んではいない。

## ディスカッション

① フランス革命では，一時キリスト教に代わり「理性崇拝」が掲げられたが，ロシア革命がはたしてキリスト教と無縁であったのか。1930年代，スターリンは正教会を弾圧したが，1941年からの「大祖国戦争」ではロシア正教会と和解した。その理由は何か。そして21世紀，旧ソ連地域での宗教復活の理由について議論しよう。

## 参考文献

下斗米伸夫，2013，『ロシアとソ連 歴史に消された者たち――古儀式派が変えた超大国の歴史』河出書房新社．
下斗米伸夫，2016，『宗教・地政学から読むロシア――「第三のローマ」をめざすプーチン』日本経済新聞出版社．
下斗米伸夫，2017，『神と革命――ロシア革命の知られざる真実』筑摩書房．
ハンチントン，サミュエル，1998，鈴木主税訳『文明の衝突』集英社．
ビリントン，ジェームズ・H.，2000，藤野幸雄訳『聖像画と手斧――ロシア文化史試論』勉誠出版．
Bonch=Bruevich, V., 1959, *Izbrannye sochineniya*, t. 1, M.
Crummey, Robert, 2011, *Old Believers in a Changing World*, Northern Illinois Unv.
Pyzhikov, A., 2015, *Korni stalinskogo bolshevizma*, M.

【下斗米伸夫】

# 第10章 「アラブの春」は中東危機を解決したのか？

　現在の中東の危機は内戦の激化、「イスラム国」(IS: Islamic State) の出現に象徴される。さらにイラク、リビア、イエメンと紛争は広がる。中東に蔓延する危機の特徴は、極端な軍事化・暴力化である。IS も「軍事的イスラム体制」を志向する動きとみるべきである。何が、中東に軍事化・暴力化をもたらしたのか？　なぜ、この21世紀に大時代的な過激なイスラムが表舞台に出てきたのか？　そのような問題意識の下で、現在の中東危機の始まりである米国のイラク戦争とアラブ世界の若者たちが政治改革を求めた「アラブの春」の悲劇的な結末を振り返る。
　問題の発端は、ブッシュ政権が 9・11 米同時多発テロの後の「対テロ対策」を「戦争化」「軍事化」してイラク戦争を始めたことである。「アラブの春」ではアラブ世界の若者たちが非暴力のデモで政治変革を実現したが、政権や軍による武力行使によってつぶされてしまう。紛争と暴力が広がった中東では、暴力が暴力を生む悪循環が続いている。

## 1　中東危機の「軍事化」と「イスラム化」

### (1) 国家の破綻と IS の出現──2つの危機の要因

　パレスチナ紛争、中東戦争、イラン革命、湾岸戦争、9・11 米同時多発テロ、イラク戦争……中東はつねに世界の危機の発信源となってきた。いま、第二次世界大戦後の最悪の紛争といわれるシリア内戦が進行中である。2011年春に始まった内戦は2018年9月までの7年半で36万人を超える死者を出し、500万人を超える難民を生んでいる。混乱のなかから2014年6月にイラクとシリアにまたがる過激派組織「イスラム国」(IS) が出現し、中東、欧米、アジアにイス

第10章 「アラブの春」は中東危機を解決したのか？

図10-1 シリア内戦での2016年の民間人死者

〔死者を生み出した武装勢力の内訳〕 〔総数16,913人〕
- ■ アサド政権軍　8,736
- ■ ロシア軍　3,967
- ▨ クルド人勢力　146
- ■ イスラム国　1,510
- □ シリア征服戦線　18
- ▨ 自由シリア軍　1,048
- □ 米軍・有志連合　537
- ■ その他　951

出所：シリア人権ネットワーク（SNHR）調べ。

ラム過激派によるテロの拡散が世界的な問題となっている。

　シリア内戦には2つの重大な危機がある。第1は内戦によって国の統治が破綻し、国家が分裂したこと。第2は混乱のなかからイスラム過激派「イスラム国」（IS）が出現したことである。日本国内でも、欧米でも、シリアという国の破綻よりも、ISの出現のほうを重大視する空気がある。まるで内戦による30万人以上の死者も、500万人を超える難民の流出もISによって引き起こされたかのようなとらえ方である。しかし、内戦に関わる「事実」を検証すれば、内戦の死者も、難民の流出も、最大の要因はアサド政権による過剰な武力行使である。

　それを端的に示している数字は、人権団体「シリア人権ネットワーク」（SNHR）が集計するシリア内戦での民間人の犠牲者数である。ISが強力だった2016年の民間人死者は16,913人で、その内訳は、アサド政権軍の攻撃による死者8,736人（52％）▽アサド政権を支援するロシア軍の空爆による死者3,967人（23％）▽イスラム国による死者1,510人（9％）▽米軍・有志連合の空爆による死者537人（3％）など。アサド政権軍とロシア軍で民間人死者の4分の3を占める一方で、ISによる死者は1割に満たない。「テロとの戦い」を標榜する政権軍とロシア軍の空爆が、いかに無差別に民間人を殺戮し、難民を生み出しているかを認識する必要がある（図10-1）。

## (2) 中東に戦争をもたらしたブッシュ父子大統領

　ISとは「軍事化したイスラム体制」を志向する運動であり，①軍事化（militarization）と②イスラム化（Islamization）という2つの要素が存在する。しかし，軍事化もイスラム化も，ISが中東で生み出したものではなく，中東の軍事化の流れと，イスラム化の流れがISを生み出したと考えるべきである。21世紀の幕開けを象徴する事件だった9・11米同時多発テロの対応として米国のブッシュ政権がイラク戦争を始めたことが，中東の軍事化の始まりである。

　中東の軍事化そのものは，1948年のイスラエルの建国と，それに反発するアラブ諸国との第一次中東戦争によって始まる。1973年まで第四次にわたる中東戦争がイスラエルとアラブ諸国を「軍事国家化」した。しかし，アラブ主要国のエジプトが1979年にイスラエルとの単独平和条約を締結して以来，アラブ諸国とイスラエルとの戦争はない。

　イスラエルとアラブ諸国の戦争が終わって，中東の戦争を引き起こした最大の要因は米国である。父ブッシュ大統領が主導した1991年の湾岸戦争と，息子ブッシュ大統領が主導した2003年のイラク戦争。湾岸戦争後，米国は湾岸地域での軍事的プレゼンスを強めた。それに対する反作用として，1980年代にアフガニスタンに侵攻した旧ソ連軍と戦ったアフガン・アラブを率いたビンラディンは湾岸戦争後の1990年代に「反米聖戦」へと転換する。

## (3) テロ対策を「戦争化」したブッシュ政権

　イラク戦争はアルカイダが引き起こした2001年の9・11米同時多発テロの後に米国が主導した国際的な「対テロ戦争」の流れのなかで強行され，フセイン体制は打倒され，米軍占領が始まった。

　9・11事件はアルカイダというイスラム過激派によるテロであり，テロ組織を摘発し，弱体化させ，壊滅に追い込むためのテロ対策は，テロ事件の捜査によって実行犯を特定し，摘発する司法的な手段が必要である。しかし，当時の米国のブッシュ政権は，司法ではなく軍を使うことで，アルカイダそのものではなく，アルカイダを庇護していたアフガニスタンのタリバン政権や，アルカイダとの協力関係や大量破壊兵器を所有していると疑われたイラクのフセイン政権を打倒する「戦争」手段に訴えた。ブッシュ政権はテロ対策を「戦争化」

「軍事化」したことになる。

　米軍によるイラク占領が始まった後に，米議会の委員会の調査によって，ブッシュ政権がイラク戦争の開戦の根拠とした①フセイン政権とアルカイダとの協力関係，②フセイン政権の大量破壊兵器の所有，という2点は相次いで否定された。イラク戦争は根拠のない戦争だっただけでなく，戦後のイラクの状況を「軍事化」させるきっかけとなった戦争だった。

　1980年代にはイラクは8年間にわたるイランとの戦争を戦い，100万人の軍隊を抱えた。イラク戦争では進軍してくる米軍を前に，イラク軍や精鋭部隊の共和国防衛隊は崩壊した。すべての軍事基地と武器庫から兵士が逃亡して無人となり，周辺の部族による大規模な武器の略奪が行われ，兵器と武器は国中に拡散した。フセイン体制が崩壊したことで，イスラム教スンニ派，シーア派，クルド人というイラクを構成する主要な民族・宗派は権力を求めて武力抗争を始めた。戦後，スンニ派地域での反米攻撃が激化し，2011年末の米軍のイラク撤退までに4,400人を超える米兵が命を落としたことも，さらに選挙によって政権をとったシーア派と，政権を追われたスンニ派の間で宗派抗争が激化したことも，イラク戦争によって武器が蔓延したことが重要な要因となっている。

## 2　「イスラム国」とは何か

### (1) アルカイダから「イラク・イスラム国」へ

　ISの原型はイラク戦争後の2003年にヨルダンからイラクに入ってきた反米聖戦組織「タウフィード・ワ・ジハード（神の唯一性と聖戦）」である。翌年，アルカイダに忠誠を誓って「2つの大河の国（イラク）のアルカイダ」を名乗った。そこまではイラクに駐留する米軍と戦うアルカイダの「反米聖戦」戦略だった。2006年10月にイラク・アルカイダを中心として，スンニ派反米組織を糾合して「イラク・イスラム国（ISI）」を創設し，ISの一歩が始まった。この年の2月にはスンニ派とシーア派の宗派抗争が全土に広がり，5月には国民議会選挙の結果を受けてシーア派連合を率いるマリキ氏を首班とする正式政府が発足し，新生イラクがシーア派主導となることが確定した。スンニ派勢力によるISIは「国」を掲げることで，単なる反米聖戦組織ではなく，スンニ派勢力

がシーア派主導「イラク国」に対抗する体制を打ち立てる意図を読み取ることができる。ISIはアルカイダが旧サダム政権の軍と情報機関のテクノクラートを取り込んだ体制だった。

## （2）イラク戦争後，シーア派もクルド人も「国」志向

イラクのサダム・フセイン政権時代には軍事は独裁体制の下で独占されていたが，イラク戦争によってフセイン体制が崩壊したことで，軍事は民族・宗派，政治勢力，部族に拡散した。シーア派主導政権は，旧反体制時代のシーア派反体制武装組織の寄り集りに，イラク戦争後に生まれたサドル派を加えたもので，それぞれ民兵組織を抱えていた。クルド勢力は旧体制時代からのクルド民主党（KDP）とクルド愛国同盟（PUK）というそれぞれ民兵組織をもつ政治組織が選挙協力し，イラク戦争後はクルド地域政府として半独立状態を維持した。「イスラム国」はシーア派がイラクを所有し，クルド人が地域政府を所有する流れのなかで，スンニ派勢力がそれに対抗して軍事化し，「国」を所有する動きと位置づけることができる。ISが樹立を宣言した時に「イスラム国」として「国」を名乗ったことが世界に衝撃を与えたが，シーア派もクルド人も，民族・宗派を軍事化させ，「国」を所有するという意味では同じであった。

さらにISが2014年6月にシリアとイラクにまたがる「カリフ国」の樹立を宣言した時，政教一致の指導者であるカリフとなったバグダディの二人の副官で，それぞれイラク側とシリア側の責任者となったのは，共に旧イラク軍将校だった。他にもISの指導部には，多くの旧体制の軍幹部や治安情報機関幹部が名前を連ねていた。イラク戦争後にイラクを占領した米軍は，フセイン体制の旧軍と旧治安情報機関を解体し，幹部を公職追放した。米国によるイラク戦争がもたらしたのは宗教・宗派などあらゆるレベルでの「軍事化」であり，「イスラム国」でその軍事を担ったのは米軍に排除された旧体制の軍事・情報のテクノクラートだった。その意味でも，ISはイラク戦争の産物の1つだった。

## （3）ISとアルカイダの違いとは？

ISのもう1つの要素は当然のことながら「イスラム」である。ISは「サラフィ・ジハーディ」に分類される。正統カリフ時代と呼ばれる初期イスラムを

指す「サラフ＝祖先」という言葉と、「聖戦」を示す「ジハード」の２つの言葉の形容詞を合わせたもので、聖戦によって古の純粋なイスラムを実現しようとする考え方ということになる。アルカイダも同じ流れである。しかし、ISとアルカイダが大きく異なるのは、あくまで反米ジハード組織だったアルカイダに対して、ISの特徴はイスラムを掲げて「国」を統治しようとしたことであり、３万人ともいわれる若者がアラブ諸国やアジア、欧米からISに参画した。

中東・アラブ世界での「イスラム化」といえば1960年代後半から人々の間に「イスラム復興」が始まった。1979年のイラン革命▽1981年のエジプトの過激派「ジハード団」によるサダト暗殺事件▽1980年代のエジプトのムスリム同胞団の職能組合への進出や議会選挙への参加▽1980年に始まる旧ソ連軍のアフガニスタン侵攻に対するアラブ義勇兵の対ソ聖戦▽パレスチナ占領地でのイスラム武装組織「ハマス（イスラム抵抗運動）」▽1990年のアルジェリアでのイスラム救国戦線の議会選挙での躍進など、イスラムの理念を政治の場で実現しようとする「イスラム主義」は1970年代から1990年代初めの中東政治の主役となった。中東・アラブ世界で台頭したイスラム過激主義には旧ソ連であれ、米国であれ、中東・イスラム世界に侵略する対外的な敵と戦う「対外聖戦」志向と、自国の政権を"反イスラム的"と断罪して、打倒することで「イスラム統治」をめざす「イスラム革命」志向の２つの流れがあった。９・11事件を主導したアルカイダが「対外聖戦」志向であり、「カリフ国」の樹立を宣言したISが「イスラム革命」志向であることは明白であろう。

2001年にアルカイダによる９・11事件が起こるのは、1990年代に、エジプト、アルジェリア、サウジアラビアなどの中東諸国で「イスラム革命勢力」がそれぞれの国の権力によって武力的に抑え込まれた結果だった。エジプトでサダト大統領暗殺を主導した「ジハード団」指導者だったアイマン・ザワヒリは、1997年以降、従来の「近い敵（＝中東の各政権）」へのジハード戦略から、「遠い敵（＝米国）」へのジハードを重視する戦略の転換を行った。その転換は1988年２月、ザワヒリとビンラディンが協力して、「ユダヤ人と十字軍に対するジハードのための世界イスラム戦線」の立ち上げにつながり、さらに９・11事件という対米テロに帰結した。

ジハード団が〈遠い敵〉である米国を標的にするのは、エジプト国内でジ

第Ⅲ部　宗教と地域紛争・テロ

ハード団の武装闘争が政府によって封じ込められてしまったためでもあった。1997年にエジプトの刑務所にいた過激派の「イスラム集団」「ジハード団」の幹部たちは一方的な停戦を発表した。選挙参加による「イスラム化」を志向してきた穏健派のムスリム同胞団も中堅幹部が大量逮捕され，軍事法廷にかけられて身動きがとれなくなっていた。1990年代後半には「イスラム主義の終焉」さえ語られた。

## 3　アラブの春とイスラム化

### (1)　「アラブの春」で若者たちに起こったイスラムへの覚醒

　2011年春，「アラブの春」が始まった時，デモに参加した若者たちはエジプトのムスリム同胞団など既存のイスラム主勢力とは関係がなかった。若者たちが占拠したタハリール広場には「イスラム」を掲げる同胞団のスローガンは表に出なかった。ただし，占拠された広場では「民衆革命」を支えるために，広場入り口のチェックや広場での野戦病院の設置・運営，広場内の秩序維持など，同胞団の若手メンバーによる組織的な行動があったことを筆者は現場で確認している。同胞団はイスラムを表に出さない戦略をとったが，「アラブの春」のなかで若者たちの間に「イスラムへの覚醒」の動きが起こったと筆者はみている。

　「アラブの春」は，2011年1月14日，チュニジアでの市民デモの広がりを前にベンアリ大統領が唐突に国外出国した。「ジャスミン革命」である。しかし，事態の重大さを世界が認識するのは，1月25日にエジプトで大規模なデモが始まった時である。カイロのタハリール広場を若者たちの大規模デモが占拠し，2月11日にムバラク大統領が辞任した。エジプト革命である（写10-1）。

　「アラブの春」の第1段階は，アラブ世界で国境を越えて広がった若者たちによる平和的なデモの広がりだった。2017年の時点では，内戦状態となっているリビアもシリアもイエメンも，最初の数か月はイスラム教徒の民衆が金曜礼拝の後に「公正」や「自由」を求めるデモが続いた。しかし，平和なデモの時期はチュニジアとエジプトの政変で終わり，リビアやシリアでは政権側の武力制圧に対抗して，反体制側も武装化した。リビアは半年の内戦の末にカダフィ政権が崩壊した。シリアの内戦ではいまも続く泥沼の内戦が始まった。さらに

イエメンでも反政府勢力による大規模デモによってサレハ大統領が辞任し，現在の内戦状態のきっかけとなった。

## （2）ムスリム同胞団が勝利した民主的選挙

「アラブの春」の第2段階は，選挙による新たな政府作りである。どの国でも，それを担ったのは，デモを主導した若者たちではなく，イス

写10-1 「アラブの春」でカイロのタハリール広場を埋めた若者たち

出所：2011年2月11日筆者撮影。

ラム穏健派政治組織「ムスリム同胞団」系の組織だった。同胞団は1928年にエジプトで生まれたイスラム政治組織で，イスラムにもとづいた貧困救済や慈善事業，教育活動などを通じて社会をイスラム化しようとする運動である。運動はカイロにきた留学生などを通じてアラブ世界に広がった。「アラブの春」以前の強権体制下でも，多くの国で選挙参加を求める穏健派の政府批判勢力として活動した。エジプトでは度々弾圧されながらも，選挙に参加し，2005年の議会選挙で2割の議席を獲得したこともある。

エジプト革命後，2011年末から2012年初めに実施された議会選挙では同胞団が4割以上の議席を獲得して第1党となった。さらに2012年6月の大統領選挙でも同胞団出身のムルシ氏が大統領選挙を制した。チュニジアでも議会選挙で第1党となったのは同胞団系列の「アンナハダ」だった。リビア，シリア，イエメンの反体制運動の主力となったのも，やはりそれぞれの国の同胞団組織だった。

チュニジアとエジプトでムスリム同胞団系政党が選挙で勝利する流れのなかで，欧米や日本では，イスラム勢力が「アラブの春」を簒奪したという見方が出た。エジプトやチュニジアの世俗派も同じような見方だったが，チュニジアでもエジプトでも選挙は民主的に行われたことを考えれば，同胞団が選挙で不正に権力を手にしたかのようなとらえ方には説得力がない。

エジプトでの2011年末から12年初めにかけて実施された国民議会選挙では，

第Ⅲ部　宗教と地域紛争・テロ

同胞団が創設した自由公正党が498議席中213議席（43％）を獲得しただけでなく，イスラム厳格派のサラフィー政党である「ヌール党」が主導するイスラムブロックが123議席（25％）を獲得し，イスラム系政党が合わせて3分の2の議席をとった。自由公正党とサラフィー政党の他に穏健イスラム政党のワサト党も10議席を獲得したことを考えれば，世俗派政党は3分の1の議席も獲得できなかった。

### （3）指導者，組織，イデオロギー不在の革命

「アラブの春」の後の選挙結果をみる限り，チュニジアでもエジプトでも民意がイスラム系政党を選んだことになる。強権体制の打倒で若者たちが立ち上がった「アラブの春」がなぜ，イスラムに向かうのかについては説明が必要である。

エジプトやチュニジアで始まった「アラブの春」のスローガンは「自由と公正」だった。カイロでタハリール広場を埋めた若者たちは「アダーラ（公正）」を叫んだ。長期の強権体制の下で，権力とのコネがなければ，就職もビジネスもできないという「腐敗と不公正」の打破を求める声だった。欧米や日本はアラブの若者たちが，西洋的な自由や民主主義を求めていると考えたが，それは欧米が勝手に自分たちの思いを投影しているだけで，錯覚だったというしかない。

「アラブの春」の特徴は，チュニジアでもエジプトでもリビアでも，特定の指導者も，特定の組織も，特定のイデオロギーもなかった。政権を倒すという以外の政治目標しかなかった。若者たちには「反欧米，反イスラエル」の主張が強かった。それは21世紀に入って起きた米国のイラク戦争やイスラエルによって繰り返されるパレスチナへの軍事攻撃に対する反発でもあった。

「アラブの春」で若者たちが求めた「公正」は，次第にイスラム的な色彩を強めた。筆者はエジプトで大規模なデモが始まって以来，毎日，タハリール広場を訪れて若者たちの取材をした。若者たちは「イスクト・ニザーム（政権打倒）」とスローガンを唱え，政治への怒りを表明するために広場に集まったが，「いまの政権を倒した後，どのような政治を求めるのか」と筆者が問いかけても，若者たちからは明確な答えはなかった。ムバラク体制だけで30年，1952年に始まったナセル時代から考えれば60年間，強権独裁で政治的な自由がなく，

若者たちの政治意識は貧困というしかなかった。

## （4）若者たちをとらえたイスラムの論理

　強権独裁とは政治の独占である。政治に関わろうとすれば，独裁者を礼賛し，独裁者の与党に参加して，体制を支える政治活動だけが許される。権力者や体制を批判する者を監視する秘密警察とその協力者・通報者が社会に根を張っている。アラブ世界ではどの国でも，体制を批判しようとすれば，秘密警察に捕まって死に至るような拷問を受けるほどの覚悟が必要だった。そのような政治状況では，どの国でも市民の間には政治から自分を絶縁する「脱政治化」が進んだ。

　「アラブの春」のデモが指導者も，組織も，イデオロギーもない，といわれたのは，そのような「脱政治化」の結果である。ムスリム同胞団のような反体制組織がなかったわけではないが，2011年の段階では，組織としては完全に抑え込まれ，大規模なデモを組織する力はなかった。「アラブの春」の大規模なデモは，既存の反体制組織の枠の外で，まさにノン・ポリの若者たちが動いたために可能になったのである。ただし，若者たちは政治化されていないだけで，警官の横暴には反感を感じ，社会の不公正には怒りを感じていた。

　エジプトで最初に大規模デモが起こったのは2011年1月25日だが，そのために野党系の政治組織の若者たちが秘密会合をもって，デモの呼びかけをすることを決めた。その秘密会合に参加していた若者リーダーの一人は，筆者の取材に「通常なら集まるのは200人程度。この時は2,000人も集まれば大成功」と語った。しかし，ふたを開けてみると，フェイスブックやツイッターなどを通じて広がった「通りに繰り出せ」という呼びかけに10万人以上が応じたのである。

　秘密警察に監視され，政治批判が許されない強権体制の下で，若者たちがタハリール広場を占拠して「体制打倒」を叫ぶこと自体が革命的だった。いきなり訪れた政治的自由のなかで，急激な政治化が生まれた。若者たちの政治化を支えたのは，左派でも，リベラルでもなく，イスラムだった。かつて欧米で「公正」を求める政治運動だった社会主義は「アラブの春」の20年以上前に終わっていた。一方で欧米的な「リベラル」は，アラブ世界の若者たちにとっては遠い存在だった。政治的な拠り所がイスラムになったのは，強権体制の下でも，

第Ⅲ部　宗教と地域紛争・テロ

イスラムが日々の生活に結びつき，コーランをもとにして「社会的公正」や「正義」を求めるイスラムの論理は若者たちにとっても身近な存在だったことが大きい。

### (5)「アラブの春」の背景に若者人口の増加

　若者たちは強権体制下にあって脱政治化されていたが，グローバル化と結びついた「格差」には不満や怒りを募らせていた。それは単に経済的な格差だけではなかった。権力とつながる出自をもつ若者だけに高級官僚，裁判官，軍将校などのエリートになる道がひらかれ，ビジネスの利権も与えられる「権力と結びついた格差」であり，それはイスラムが不正と考える「富の独占」である。公正とは「イスラム的な公正」として，イスラムの実現を求める動きとなった。

　「アラブの春」が起こった要因のなかで，最も重要なのは若年人口の増加である。2011年のエジプトの人口中央値は24歳だった。人口の半分が24歳以下ということである。中東・北アフリカ地域の人口中央値は22歳である。世界ではサハラ砂漠以南の地域に次いで若い地域である。若年人口が多いということは，豊かな労働力があるというメリットにもなるが，アラブ世界では15歳から24歳までの若年層の失業率は23％と世界の平均よりも10ポイントほど高く，若者の失業が問題化していた。最初に若者たちのデモが起こったチュニジアの若者の失業率は42％だった。

　「若者の反乱」といえば日本でも欧米でも1960年代に吹き荒れた。1968年5月に大学制度の改革を求めるパリ大学の学生のデモから警官隊との衝突など混乱が広がった5月革命が代表だ。日本もちょうど学園紛争，大学紛争の時期だ。1960年代後半の日本の年齢中央値は27歳から28歳だった。

　「アラブの春」についても，さらにその後の中東の混乱をみる場合も，若者人口の増加によって，アラブ世界が「若者の反乱」の時代を迎えているという認識が必要である。ISの出現によって「アラブの春」は決定的に終わったようなとらえ方があるが，若者たちが主導し，フェイスブック，ツイッター，YouTubeなどSNS（ソーシャル・ネットワーキング・サービス）で情報を拡散させる「アラブの春」の特徴はISにも引き継がれている。ISは「アラブの春」のつながりととらえるべきである。若者たちの反乱で始まり，「イスラム化」し

た「アラブの春」が軍事化したのが IS である。

### (6) タハリール広場を埋めた イスラム厳格派

厳格で残酷なイスラム体制の IS と自由を求めた「アラブの春」では，対極のイメージである。しかし，「アラブの春」の舞台となったカイロのタハリール広場で，いまでは IS のシンボルとみなされる黒旗が

写 10-2 カイロのタハリール広場を埋めた サラフィ主義者たちの集会

出所：2011年11月9日筆者撮影。

翻った光景を筆者はエジプト革命の最中に目撃した。ムバラク政権が倒れて1年9か月後の2012年11月に「イスラム法の実施」を求めるサラフィー主義者がタハリール広場を埋めた大規模集会を取材した。「アッラー以外に神はなし」と記された黒旗が広場のあちこちで翻った。「シリアに若者を送っている」と語っていた指導者が，広場に据えられた演台から演説した。2012年6月に同胞団出身のムルシ大統領が軍出身候補を破って同胞団主導の政権を発足させていたが，サラフィー主義者たちは同胞団政権が軍や旧政権勢力と妥協するのを批判し，イスラム法の厳格な実施を求めていた。

筆者はサラフィー主義者がタハリール広場を埋めたことに驚愕した。エジプトは世界的な観光国であり，サウジアラビアなど湾岸諸国と違って厳格なイスラムを求めるサラフィー主義者の影響力は小さいと考えていたからだ。サラフィー主義政党のヌール党は選挙で25％の議席をとったことと合わせて，「若者たちのイスラム化」は想像を超えるレベルで進んでいるのではないかと感じた（写10-2）。

## 4 「アラブの春」をつぶした軍事化

### (1) 民主化はつぶされたが，若者の反乱は続く

2011年の「アラブの春」から6年たって，中東のどこにも「アラブの春」の

歓喜は残っていない。2013年6月末にカイロのタハリール広場を埋めた反ムルシ大統領に対する若者たちの大規模集会の直後の7月初め，エジプトで「事態収拾」を名目とする軍のクーデターが起きた。民主的選挙で選出されたムルシ大統領が拘束され，その後，クーデターを率いたシーシ国防相が大統領になった。同胞団支持者はクーデターを拒否する大規模デモを，カイロのナスルシティで続けたが，同年8月中旬，軍と治安部隊の武力行使で排除された。国際的人権組織「ヒューマン・ライツ・ウォッチ」による1年後の報告書によると，1,000人近い丸腰のデモ隊が殺害されたとされる。

リビアでは強権体制のカダフィ体制に対する反対デモを，政府軍が武力制圧しようとしたために内戦化し，欧米の軍事支援を受けた反体制派がカダフィ体制を倒し，カダフィを殺害した。その後，国民議会を選ぶ選挙も実施されたが，元反体制派だった民兵組織が政治勢力と結んで台頭し，政府は分裂し，混乱が続いている。

シリアでも2011年3月に現在のバッシャール・アサド大統領の父ハーフィズ・アサド前大統領時代から2代にわたって40年間続く強権独裁体制に対する若者たちの民主化要求デモが始まった。アサド政権は軍や治安部隊を使ってデモ隊への武力行使を繰り返したため，軍から離れて反対派に参加した旧軍将兵が作る「自由シリア軍」が武装闘争を始めて，内戦となった。「自由シリア軍」は解放地域を広げて，一時アサド政権は危うい状況に立たされた。友好国のイランが軍事的支援に入り，2013年春からイラン革命防衛隊の指令下にあるレバノンのシーア派武装組織ヒズボラの地上部隊が正式にシリアに応援に入り，政権軍の反転攻勢が始まった。

エジプトの軍，リビアの民兵，シリアの政権軍と，「アラブの春」による民主化をつぶしたのはいずれも「軍事的対応」である。「アラブの春」はそれで終焉したのか？　民主化プロセスはつぶされ，終わったが，若者たちの反乱は続いていると考えるべきだろう。

## (2) IS もまた「アラブの春」の流れの若者の反乱

リビアで台頭する民兵の主体はカダフィ体制を打倒するために立ち上がった若者たちである。リビアでは反体制組織のリビア国民評議会を主導したのはカ

ダフィ政権の元高官たちであり，欧米が彼らを支援するかたちで新生リビアの政治プロセスが始まった。しかし，民主的選挙や国民議会に対する若者たちの不信感は強く，民兵集団が政府機関を占拠したり，首相を一時拘束したりするなどの事件が続き，次第に制御不能となっていた。エジプトで軍クーデターのきっかけとなったのは選挙で選ばれたムルシ大統領に反対する若者たちの大規模デモであり，それも若者たちの反乱であった。

　ISもまた「アラブの春」の流れで起こった若者たちの反乱であるととらえるべきだろう。ISに参戦している外国人のジハード戦士の数は，国際機関などの調査によると，チュニジア人3,000人▽サウジアラビア人2,500人▽ヨルダン人2,100人▽モロッコ人1,500人──などとなっている。欧米諸国からも計2,300人以上が参戦している。「アラブの春」もISも，担い手は若者たちであり，腐敗と不公正が蔓延するアラブ世界の「旧体制」を打破しようという主張は共通する。インターネットのSNS（ソーシャル・ネットワーキング・サービス）を活用して動員し，行動主義的であるという動き方も通じる。

## （3）米軍の「対テロ戦争」が民間人の無差別殺戮に

　ISに対する対応はイラク側も，シリア側も，有志連合も，ISを軍事的につぶすという「対テロ戦争」一辺倒である。2017年7月，ISのイラク側の都モスルは，米軍と有志連合の空爆の援護を受けたイラク軍によって制圧された。一方のシリア側のISの都ラッカも米軍・有志連合の空爆の援護を受けるクルド人主体のシリア民主軍（SDF）の掃討作戦を受け，2017年10月に陥落した。しかし，イラクとシリアのISを制圧することで，IS問題は終息するだろうか。それについて筆者は悲観的な見方である。

　最初に紹介した「シリア人権ネットワーク」（SNHR）の集計による2017年上半期（1〜6月）の民間人死者総数は5,381人で，アサド政権軍による死者2,072人（39％）▽米軍・有志連合による死者1,008人（19％）▽ISによる死者857人（16％）▽ロシア軍による死者641人（12％）──となっている。2016年に全体の3％だった米軍・有志連合による民間人死者が大幅に増えている。2016年11月から米軍・有志連合によるISのシリア側の都ラッカの掃討作戦が無差別空爆になっていることを示す（図10-2）。

## 図10-2　シリア内戦での2017年1〜6月の民間人死者

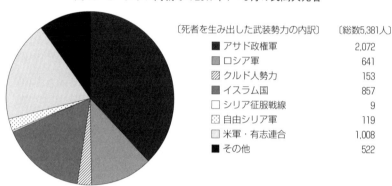

〔死者を生み出した武装勢力の内訳〕　〔総数5,381人〕

|  |  |
|---|---|
| アサド政権軍 | 2,072 |
| ロシア軍 | 641 |
| クルド人勢力 | 153 |
| イスラム国 | 857 |
| シリア征服戦線 | 9 |
| 自由シリア軍 | 119 |
| 米軍・有志連合 | 1,008 |
| その他 | 522 |

出所：シリア人権ネットワーク（SNHR）調べ。

IS はイラクでもシリアでも抑圧されたスンニ派勢力・スンニ派部族と結びついている。一方で，イラクではイランとつながるシーア派主導政権，シリアではアサド政権がやはりイランの支援を受けて，軍事的にはレバノンのシーア派組織ヒズボラやイラクのシーア派民兵の援護を受けて，IS を含むスンニ派主導の反体制勢力を力で押さえている。IS が軍事的に制圧されても，イラクとシリアでスンニ派勢力を含む権力分有（パワーシェアリング）が実現されない限り，問題は解決されず，両国の安定を望むことはできない。

さらに前述のとおり，アラブ世界，欧米，アジアから3万人ともいわれる若者たちが IS に集まったことに示されているように，若者たちの反乱を武力で抑え込むだけでは問題は解決しない。中東・アラブ世界の若者たちが格差や腐敗，自由の欠如などに感じている「不公正」や「不正義」を軽減するような社会・政治の対応がなければ，IS の主要拠点が制圧されても，若者たちの反乱は続くことになるだろう。

## （4）軍事一辺倒の「IS 制圧」で問題は拡散

IS 問題が，スンニ派問題であり，若者問題であるということは，IS が軍事的に制圧されても，イラクとシリアのスンニ派勢力は，イランの支援を受けたイラクとシリアの政権に抑え込まれたままとなり，スンニ派による対イラク，対シリアだけでなく，シリアを支援するイランやロシア，さらに有志連合に参

加する欧米に対するテロが続く可能性を示している。

　イラク，シリアで IS 支配地域が制圧されるということは，チュニジア，サウジ，ヨルダン，さらに欧米に IS 支配地域で軍事経験を積んだ戦士が戻ってくることを意味する。IS に参戦した若者とは別にそれぞれの国で不満を募らせる「ジハード戦士予備軍」がアラブ世界や欧米で，「イスラムの実現」を求める過激活動を始める可能性もある。

　2018年10月，シリア内戦はロシアやイランの軍事支援を受けたアサド政権の「勝利」によって収拾に向かいつつある。最後に残ったシリア反体制派の拠点イドリブが制圧される時，2011年の「アラブの春」で始まった中東危機は文字どおり終わりを迎えることになろう。しかし，問題は何ら解決しないままの終焉である。危機の根底にあるのは人口の半分を占める若者の問題であり，当初，若者たちが平和的なデモで要求した民主化の実現，貧富の差の解消，腐敗の是正など「社会的公正」は何ら実現していない。中東・アラブ世界はより強権化，軍事化している。イラン革命（1979年），湾岸戦争（1991年），9・11 事件（2001年），イラク戦争（2003年），「アラブの春」（2011年）と繰り返し危機が噴き出している中東は，いま新たな危機に向かっていると思わざるをえない。

## ディスカッション

① 本章では「イスラム国」を武力的に排除するだけでは問題は解決しないと論じた。武力的手段以外に，過激派イスラム思想を唱える「イスラム国」を弱体化させる方法は何があるだろうか。

## 参考文献

池内恵，2015，『イスラーム国の衝撃』文藝春秋.
川上泰徳，2016，『「イスラム国」はテロの元凶ではない――グローバル・ジハードという幻想』集英社.

【川上泰徳】

# 第11章 アフリカにおけるテロの脅威にどう対応するのか？

　21世紀に入り，アフリカでは1990年代までとは異なる新たな治安上の脅威が出現している。一般的には「テロ集団」と呼ばれるグループである。学術的には「カウンター・システム」的な反乱勢力という見方も存在するなど，民主主義を基盤とした「ゲームのルール」に対抗し，これを根本的に変革することをめざし，手段として「テロ」を用いる集団である。

　これに対し，アフリカ連合も，タスクフォース型の新たなミッションで対応を図っており，反乱勢力の殲滅をめざすなど，短期的な脅威の排除という観点からの評価はできるものの，中・長期的にアフリカの安定を実現するという観点からは課題も多い。そのため，こうした反乱勢力出現とその変容の背景を精査することなどに加え，何らかの新たな発想にもとづいた対応の可能性を模索する必要のある段階に入っている。

## 1　暴力的過激主義，あるいは「テロリズム」という脅威

　アフリカ（本章ではサハラ以南アフリカ）を取り巻く国際環境は，ここ数年の間に大きく変化してきた。ここには，2016年8月に初めてアフリカ（ケニアの首都ナイロビ）で開催された第6回アフリカ開発会議（TIVADVI）に向けて示されたいくつかの課題も含まれている。第1に中国経済の減速などに起因する国際資源価格の下落によるアフリカ諸国の経済成長の後退，そして第2にエボラ出血熱の流行の下で明らかになった保健システムの脆弱性，そして第3に西アフリカや北東アフリカ地域での暴力的過激主義の拡大，といった課題である。換言すれば，第1の課題は，2000年代に入ってから，アフリカにはとくに資源

価格の上昇と連動するかたちでの高い経済成長がみられてきたものの，一局面として経済の停滞が生じていることであった。また，2013年に横浜で開催された第5回アフリカ開発会議（TICADV）で「躍動するアフリカ」とも評価されたように，アフリカを単に貧困が蔓延している地域としてとらえることの妥当性が問われるようになってきたことにも留意が必要となってきたことをその背景とした評価でもある。

しかし，第2，第3の課題に示されているように，アフリカにおいては依然として十分なガバナンスが実現していない，あるいは政府が機能しないといった状況の下に，さまざまな安全保障上の課題が表出されている状況が継続している。そこで本章では，アフリカにおける暴力的過激主義（一般的には「テロリズム」とも表現される）を起点とした新たな政治的混乱を中心に据え，こうした新たな治安上の脅威への近年の対応の様態の変容と，こうした対応が提起するさらなる課題について検討する。なお，「テロリズム」（以下，「テロ」）については，これまでさまざまな定義や議論が歴史的にも存在してきたが，ひとまず「主に非国家アクターが，特定の主義・主張にもとづき，国際社会や特定の国家，そしてその構成員に対し，その安全を意図的に損ねる行為を行うことにより，その一部ないしは大部分に恐怖，不安，動揺を与える現象」とする。

## 2　アフリカにおける紛争と紛争主体の変容

### （1）レノによる類型

独立後のアフリカにおける紛争（反乱）主体の変容を包括的に検討したアメリカの政治学者ウィリアム・レノは，時系列に沿うかたちで次の5つの反乱勢力の類型を提示した。ここには，時間の経過とともにアフリカにおける紛争の性格が変容するとともに，登場する紛争主体も変化してきたことがうかがえる。①1960年代頃までに植民地からの独立の際に活動した反植民地反乱勢力，②白人統治が長期化した南部アフリカで1970年代にみられた多数支配反乱勢力，③ウガンダの現大統領ヨウェリ・ムセヴェニが率いた改革指向の組織である国家改革運動に代表される1980年代にみられた改革反乱勢力，④リベリアのチャールズ・テイラーが1990年代におけるリベリア内戦で率いたリベリア国民

愛国戦線にみられる1990年代の軍閥反乱勢力，⑤2000年代以降に確認されるようになったきわめて限られた地域や対象をターゲットとした活動を行う限定的反乱勢力，である。近年のアフリカの紛争において新しい主体として興味深いのは，第5の限定的反乱勢力，である。その事例としては，2007年末に行われた総選挙の不正疑惑を受け，ケニアで発生した大規模な暴動（選挙後暴動）においてその活動が観察され，ケニア最大の民族であるキクユの若者を中心に1990年代から活動してきたムンギキや，ナイジェリアの産油地域であるナイジャー・デルタにおいて活動する自警団組織などがあげられる。

　レノの基本的な主張は，こうした反乱勢力の戦略や戦術は，これらの勢力が活動している国家における政治的な権威のあり方を反映しているというものである。そして，欧米先進諸国が関与し，主導するかたちで進めてきた平和構築や国家建設といった近年のプロジェクトにみられるように，より持続的で制度化された政治的権威を実現することによって，反乱勢力が台頭しうる「無（非）統治の空間」を減じて，紛争に由来する経済のネットワークに支えられる社会空間，さらには政治家と提携するギャンググループを一掃し，代わりに市民活動や経済活動を活性化させ，民主化や市場経済化を進めることができる可能性を示唆している。その意味では，国家建設モデルに一定の有効性を見出しているという評価ができる。ただし，これまでアフリカにおいては十分観察されてこなかった，いわゆるテロリストとも呼ばれる，何らかのイデオロギーをまとった反乱勢力の台頭には留意する必要性も合わせて示唆しており，こうした要素を含む紛争の今後の可能性を含め，さらなる慎重な観察の必要性を提起している。

### （2）ストラウスによる類型

　こうした反乱勢力の戦略や戦術は，これらの勢力が活動している国家における政治的な権威のあり方を反映しているというレノの中心的な主張に一定の疑問符をつけながら，近年のアフリカにおける紛争の様態の変容に関する興味深い分析を行っているアメリカの政治学者スコット・ストラウスは，アフリカにおける紛争主体とともに，紛争（脅威）の変容のあり方の特徴に分析を加えている。ストラウスは，紛争に関するデータを分析するとその傾向が変化してい

るという点を指摘する。その変化とは，1990年代により顕著にみられたルワンダでのジェノサイドといった大量殺戮を特徴とする政治暴力の発生が減少傾向にあることと，これまで研究上十分に分析対象となってこなかった他の形式の政治暴力が顕在化していることである。敷衍(ふえん)しておこう。1990年代前半から半ばにかけての時期に比べて2000年以降はおおむね半減した。その一方で，紛争形態の変容という観点からは，選挙関連の暴力の増大と，土地や水をめぐるきわめてローカルなレベルでの紛争が多発する傾向がみられるのである。

そのうえで，とくに長期化している紛争において特徴的な反乱勢力を，ストラウスは「カウンター・システム」的な反乱勢力として提示している。こうした反乱勢力が，その手段として用いるのが，いわゆる「テロ」である。ここで例としてあげられているのは，アルジェリア南部，マリ北部での活動が知られているイスラーム・マグレブのアル・カーイダ（AQIM），あるいは，ソマリアのイスラーム主義勢力アッシャバーブ，ウガンダ北部を中心に活動する神の抵抗軍（LRA）などである。おそらく，ここには2014年4月下旬に女子生徒200名以上を誘拐して，国際的に大きな注目を浴びた北部ナイジェリアを中心に活動していたボコ・ハラムを含めることができるだろう。これらの勢力のリーダーがめざしているのは，既存のシステムとしての民主主義を基盤とした「ゲームのルール」に対抗し，これを根本的に変革することである。つまり，これらの勢力がめざす政治環境は，国際的に求められる民主主義的な状況ではないために，選挙を通じて自らの主張を通すことはできないという共通項をもっているということが特徴でもある。こうした反乱勢力の活動している地域は，マリやニジェール，ナイジェリア北部，コンゴ民主共和国東部，スーダン，ソマリアに貫なるサヘル・アフリカ（あるいはサヘル・ベルト）と称される地域であり，こうした反乱勢力の特徴が紛争の長期化にも影響を及ぼしていると考えられる（図11-1）。また，図11-2は，アメリカのメリーランド大学の研究において作成されているグローバル・テロリズム・データベース（GTD）から入手できる1970年から2016年の間のテロ事件発生件数の推移である（計15,491件）。このデータベースでは，コードブックにおいてテロを「恐怖，強制，脅迫を通じて，政治的，経済的，宗教的，社会的目標を達成しようとする非国家主体による非合法な強制力や暴力の行使，及びその仄めかし」と定義している。

図11-1 サヘル・アフリカとサヘル・ベルト

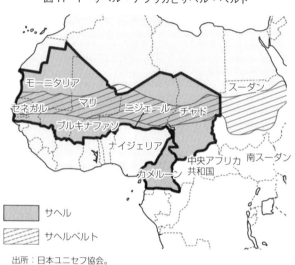

出所：日本ユニセフ協会。

図11-2 サハラ以南アフリカにおけるテロ事件発生件数の推移

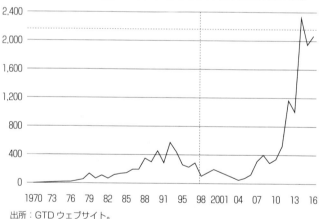

出所：GTDウェブサイト。

そして、この定義の下では、サハラ以南のアフリカにおけるテロ事件の発生件数は、明らかに2010年代に入り急増し、2014年には2,000件を超えたことがわかる。

また、この「カウンター・システム」的な反乱勢力は、その活動空間（国家

第11章　アフリカにおけるテロの脅威にどう対応するのか？

の周縁部）や少数の戦闘員から構成されるという組織的特徴，さらには越境型のネットワークといった諸点においてレノの分類における限定的反乱勢力と類似している面を有しているものの，一定のイデオロギー性を有していることから，レノが今後注意喚起の必要を示唆していた勢力とみることが可能である。同じ論文のなかで，ストラウスは，移動型反乱勢力という表現も用いているが，越境を繰り返しながら，複数の国の治安部隊と交戦したり，民間人への攻撃や誘拐を行う活動を特徴としている。越境という観点からは，AQIMはアルジェリア，マリ，ニジェール，モーリタニアのサヘル地域を移動するほか，アッシャバーブもソマリアに限らず，ウガンダやケニアにも越境して爆弾テロを行っている。また，LRAも，もともと拠点としていた北部ウガンダから，南スーダン，コンゴ民主共和国，中央アフリカを出入りしながらその活動を継続している。こうした「カウンター・システム」的な反乱勢力は，その活動が比較的小規模であると同時に，強いイデオロギーを有するために，その活動を完全に封じ込めたり，交渉による問題解決が困難な傾向がある。その意味では，1990年代に生起したような大規模な紛争は起こりにくい状況にはなったものの，こうした相対的には小規模で，局所的な暴力と犯罪性を帯びた紛争については，今後も継続的に発生する可能性を排除できない。こうした紛争と紛争主体の変質に対応するうえで，はたして国家建設といった対応がどの程度有効となりうるのかを含め，新たな政策を模索しなければならない段階に入ってきたと考えられる。

## 3　アフリカにおける紛争対応の様式の変容

### （1）アフリカ連合の誕生

　21世紀に入り，前身のアフリカ統一機構（OAU）を発展的に改組して，2002年7月にアフリカ連合（AU）が発足した。AUは政治的・経済的統合の実現と紛争の予防・解決に向けた取り組みを強化することをめざしたアフリカ大陸の54の国と地域からなる地域機構である。AUの本部はOAUと同様エチオピアの首都アジスアベバに置かれている。原加盟国は53か国（南スーダンが54か国め）で，日本が国家承認していない「サハラ・アラブ民主共和国」を含んでいるこ

とからモロッコは加盟していなかったが，2017年1月末に行われた第28回 AU 首脳会議においてモロッコの AU 再加盟申請が採択されるかたちで55か国めの加盟国として承認されるという新たな動きが生まれている。

　AU の大きな特徴は，1990年代以降アフリカ大陸に多発し，OAU としては十分に対応することができなかった紛争の予防と解決に関わる分野に大きな力点を置いている点である。「アフリカの問題はアフリカ自身で解決する」ということが，スローガンとしてうたわれてきた。紛争対応については，域内の紛争解決への対応上整備が検討されてきたアフリカ平和安全保障枠組（APSA）をあげることができる。APSA に関しては，AU 制定法において「（アフリカ）大陸における平和，安全，安定を促す」ことが目的として掲げられており，そのための意思決定を行う組織として，平和安全保障理事会（PSC）が設けられている。これ以外に，早期警報システム，賢人パネル，アフリカ待機軍（ASF），平和基金という4つの組織によって，APSA は構成されている。きわめて重大なアフリカ域内の紛争事態（戦争犯罪，ジェノサイド，人道に対する罪）に関しては，総会での決定にもとづいて加盟国に対して AU が介入できる権利を認めている（第4条h項）など，アフリカにおける集団安全保障の実現を企図している。PSC の決議のもとに，平和維持活動を行うことが想定されているのが ASF である。当初の構想では，2015年までにアフリカの5つの地域に設立することを予定していたが，ASF の設立よりも現実の紛争が先行したことから，スーダンのダルフールへのミッションを皮切りに，ソマリア，ブルンジ，マリ，中央アフリカなどにおいて11のミッションが活動してきた経緯がある（2015年11月現在）。

　こうしたミッションの派遣は，先にあげたアフリカにおける紛争要因やその性格が大きく変化してきたことを考慮した対応となっており，はたして既定路線である ASF の設立という対応が望ましいのかについては，新たに検討を加える必要のある段階に入っている。

## （2）新たな紛争対応ミッションの運用

　ストラウスが指摘していた，近年のアフリカにおける紛争にみられるような，LRA やボコ・ハラムなどの移動型反乱勢力，あるいは越境型武装勢力と

いう特徴ある武装勢力に対応するアプローチとして，近年 AU が採用しているのがタスク・フォース型ミッションである。これは，新しい紛争主体を殲滅することを主たる目的としてアド・ホックに設立・実践されてきた経緯を有している。具体的には LRA に対応するうえでウガンダ，コンゴ民主共和国，スーダン，中央アフリカなどの LRA の活動が行われてきた多国籍軍により設立され，2012年3月の設立以降 PSC において更新されてきた地域協力イニシアティヴ（RCI‐LRA）にその起源をもつ。RCI‐LRA は，LRA の残虐行為により被害を被った国々における軍事作戦能力を強化するとともに，その地域の安定化を図ることを目的とするものであった。そして，このタスク・フォースの要素は，ボコ・ハラムに対応するかたちでその活動領域であるナイジェリア，チャド，ニジェール軍から構成され設立されている多国間共同タスク・フォース（MNJTF）に継承されている。

　AU の平和活動の文脈においては，ASF が未確立である段階において，それに代替する緊急即応については，危機への緊急対応メカニズムとしてアフリカ危機緊急即応能力（ACIRC）と称される活動として理解されている。しかし，ASF 確立の障害になるといった主張をもつ国も存在することから，2015年の AU 総会では，ACIRC に関しては，あくまでも暫定的な措置ということが決議されている。これに対し，タスク・フォース型ミッションは，ASF の代替としての ACIRC とは異なり，すでに新たな脅威である移動型反乱勢力，あるいは越境型武装勢力への対応というかたちで国内で活動していたり，越境し，地域レベルで活動している軍隊を中心に再構成される点にある。こうした活動において軍を供出している国を軍供出国（TCCs）と呼ぶが，新たなミッションを設立することに比べ，安価であるとともにそれぞれの TCC に対する援助が提供されるかたちにもなり，一定の国際的な正統性を確保できる。また，それぞれの TCC が相対的に自律的な活動を展開できるなどの点では活動におけるメリットも指摘されている。このように新たなミッションは，新たな脅威への効果的な対応が迅速に行うことができるなど短期的に有効な対応ができる点は評価されている。

### (3) 新たなミッションの課題

 しかし，タスク・フォース型ミッションは，アフリカにおける共通の課題に対応するということと整合性が保てなくなる危険性をはらむ。それぞれのTCCの活動の自由度が高まるに伴い，各国の政治的な思惑を含んだ活動が放任されるかたちで，紛争の背景として存在する政治経済的な課題への対応についてはAUとしての関与が限定とならざるをえないといった中・長期的な課題も指摘される。

 近年のアフリカにおいて，移動型，そして越境型の「カウンター・システム」的な反乱勢力という新たな脅威への対応に対しては，20世紀までに発生したアフリカでの紛争イメージの下で当初構想されたAPSAは，必ずしも適切な対応をとることができるメカニズムを有していない可能性がある。そのために，「対テロ」の枠組みのなかで，地域の安定化を目的とした効率的なタスク・フォース型ミッションが，即応的な対応上選択される傾向が強まってきている。こうしたミッションは短期的な脅威の排除という観点からは，一定の評価ができる非常に攻撃的な対応である。しかし，上述のように中・長期的には，タスク・フォース型ミッションのもつ有効性は限定的といわざるをえず，さらなる必要な対応の検討が課題となる。

## 4 アフリカにおいて「テロ」を用いる反乱勢力をどうとらえるか

 上記では，すでに出現した脅威としての越境型の「カウンター・システム」的な反乱勢力を前提とした，アフリカ連合による新しい紛争対応のミッションを紹介した。しかし，より重要なのは，なぜ，そしてどのような経緯でこうした新たな脅威が出現してきたのかという問題である。軍事的に新たな脅威を殲滅するかたちで対応を図ることは，外科的に，そして効率的に脅威を除去するためには，一定の意味をもつ対応ではある。しかし，これはあくまでも対症療法的な対応の域を出るものではない。こうした新たな治安上の脅威が生み出され，さらには再生産される可能性がある，それぞれの地域に関わる歴史的，そして，社会経済的，さらに政治的な背景を深く検討することによってしか，こうした勢力の出現の理由やその経緯を十分には明らかにすることはできない。

そして，こうした背景要因を明らかにすることもまた決して容易なことではなく，さまざまな偶発的な要因の積み重ねで今日みられるようなかたちで現象化してきたと考えなければならないことも多々ある。

通常は「テロ集団」として考えられている，こうした反乱勢力は「テロ」をその手段として用いる点に1つの特徴をもつ。ただし，たとえばアッシャバーブのように，ソマリアにおいて20年近くの間中央政府のないなかで，政府に代替するかたちで統治のための組織化や制度化を進めて領域支配を行い，きわめて限定的ではあるものの住民による支持を得ることにつながってきたとされる点からは，政府不在状況下での自生的な秩序の形成を実践してきた集団としてもとらえられる現実を示してもいる。その意味では，アッシャバーブを単に「テロ集団」としてのみとらえることへの留保も必要である。しかし，そのイスラームの教義と自爆テロを含む手段は，とくに21世紀において「テロ」を強く忌避する国際社会における正統性という観点からはつねに問題視されることになることも確かであり，アフリカ連合のソマリアミッション（AMISOM）がアッシャバーブ掃討で中心的に対応する状況が2007年以降10年以上続くかたちになっているが，その最終的な解決の見通しは立っていない。

本章で示した現状は，21世紀の国際社会において，長期的な観点からアフリカにおける秩序を実現するうえでの課題と挑戦を示しているのである。

## ディスカッション

① アフリカにおける新たな脅威である反乱勢力はなぜ，どのようにして誕生し，それにどのように対処すべきか。

## 参考文献

遠藤貢，2015，『崩壊国家と国際安全保障――ソマリアにみる新たな国家像の誕生』有斐閣．
遠藤貢編，2016，『武力紛争を越える――せめぎ合う制度と戦略のなかで』京都大学学術出版会．

【遠藤　貢】

## エピローグ：未来に向けて

　21世紀に入り，先進国のさまざまな危機的状況から，世界秩序の転換が予測される時代になりつつある。

　グローバリゼーションの進行に対する危機感，先進国の低成長に対する危惧，新興国の急成長がアメリカ，ヨーロッパを抜かす時代は目前まで来ている。

　他方で，地域紛争は拡大し，大国の軍事化，自由主義経済に対抗しての保護貿易化が進行している。環境問題に対しても，アメリカはG7共同で行おうとしているパリ協定に背を向け，ドイツや日本の武器購入や軍事化をすすめることで，アメリカ経済を復興させようとしている。

　先進国の経済成長は軒並み低く，新興国はそれに対し，成長し続けている。下の表は2016年の経済成長率であるが，フィリピンやインドや中国が6.7～6.8％であるのに対し，米・欧・日本は，190か国中128位から155位，1.8％から0.999％という低さである。

　アメリカと中国との貿易戦争も，中国側は報復と譲歩で対応しているが，北朝鮮問題で東アジアの軍事的不安定化が促進されるようになれば，きわめて不安定な一触即発状況が現れるかもしれない。東アジアでの対話の継続，また中

表　世界190か国の経済成長率（2016年）

| | | | | | |
|---|---|---|---|---|---|
| 1 | ナウル | 10.3% | 128 | イギリス | 1.8% |
| 2 | イラク | 10.0% | 129 | ドイツ | 1.8% |
| 3 | エチオピア | 8.0% | 131 | アメリカ | 1.6% |
| 4 | ウズベキスタン | 7.8% | | | |
| 5 | コートジボワール | 7.5% | 148 | フランス | 1.23% |
| 6 | アイスランド | 7.2% | | | |
| 7 | カンボジア | 7.0% | 155 | 日本 | 0.999% |
| 8 | ラオス | 6.9% | | | |
| 9 | バングラデシュ | 6.9% | | | |
| 10 | タジキスタン | 6.9% | | | |
| 11 | フィリピン | 6.8% | 169 | ロシア | －0.225% |
| 12 | インド | 6.8% | 189 | 南スーダン | －13.8% |
| 13 | 中国 | 6.7% | 190 | ベネズエラ | －18.0% |

出所：IMFの2017年4月公表資料より筆者作成。

東やアフリカにおけるテロの対処や空爆以外の和平の道は世界の安定化にとって不可欠の課題である。

現在の，先進国の不安定化，地域紛争の拡大，G7の結束の弱まり，保護貿易とナショナリズムの強化という状況のなかで，私たちは21世紀の国際社会にどのような展望を見出すことができるだろうか。この間，ジャック・アタリ，新しいフランス大統領エマニュエル・マクロン，イアン・ブレマー，グレアム・アリソン，エマニュエル・トッドなどが，次々と現代の問題点や新しい時代の見取り図を描き始めている。

本書全体を通していえることは，国際社会はますます多様性を増してきており，近代国民国家・国民経済の枠組みが大きく乗り越えられ，グローバリゼーションのもと，新しい展開が世界的広がりをみせていることである。中国のAIIBや一帯一路構想が，アジア・アフリカ諸国をインフラ整備や投資・開発に巻き込みつつ進んでいる。またそれと結んだロシアのユーラシア経済連合，北極圏構想など，世界レベルでの経済再編，経済協力が，アメリカの保護主義を尻目に進んでいる。

いま1つ重要なことは，新しい価値と秩序の構想のなかで，また知の時代における大学間競争と共同が進みつつあるなかで，多元的発想にもとづいた，若者たちの共同ネットワークが世界で形成されつつあることである。

先進国や国際情勢が負の方向に働いている時，それを推し進めようとする若者は多くはない。例外はテロや欧州のホームグロウン・テロリズムなどで，これには現地の若者や移民2世，3世の若者たちが関わっていることもあるが，多くはない。

トランプ米大統領選出の際にも，またイギリスのEU離脱に際しても，聞こえてくるのは，地方や高齢者，低学歴者などの不安，おそれ，怒りなどである。しかし若者たちの多くは現在進行しつつある保護主義や移民排斥に対しても，どうすれば問題解決に向かうかを真剣に問い直し始めているようにみえる。ITやAIの時代にもなじんでいる若者たちが制度改革と新政策の構築を含めて，どのような新しい未来を築いていくか。G7のEUのメンバーたちは，移民・難民との共存や，気候変動に関し，「プランBはない」として各国の共同を訴えた。

また国連は，2015年9月の国連サミットで「SDGs（持続可能な開発目標）」を掲げ，17のグローバル目標，169のターゲットをあげた。そのトップに貧困，飢餓の撲滅と，保険・福祉，教育，ジェンダー平等などを掲げ，誰も落ちこぼれる人がないように，とした。

それらに象徴されるように，国際社会全体が大転換期の問題を見据え，共同を導いていくべきであるといえよう。

21世紀の転換点に立つ若者たちこそ，現実から謙虚に学び，世界の国々・若者たちと共同し，国連のSDGsと連携し，排除・落ちこぼれを許すことなく，多様性を包摂しつつ，新しい世界を構築していく担い手となっていただきたい。

新しい秩序の芽はそこここに現れている。それを発見し育てていくのは，大転換の時代に国際社会の問題点を分析し，未来を見据え世代を超えて，若者をサポートする人々の良識（Common Sense）にもとづいた洞察力と共同発展にあるといえよう。

## 参考文献

アタリ，ジャック，2018，山本規雄訳『新世界秩序——21世紀の"帝国の攻防"と"世界統治"』作品社．

アリソン，グレアム，2017，藤原朝子訳『米中戦争前夜——新旧大国を衝突させる歴史の法則と回避のシナリオ』ダイヤモンド社．

トッド，エマニュエルほか，2018，『世界の未来——ギャンブル化する民主主義，帝国化する資本主義』朝日新聞出版．

ブレマー，イアン，2018，奥村準訳『対立の世紀——グローバリズムの破綻』日本経済新聞出版社．

【羽場久美子】

# 索　引

## 【あ　行】

IMF（国際通貨基金）……… ii, 79, 81, 83, 85, 95
IMF 改革……… 81
アイデンティティ……… 19
アクト・イースト……… 93
アジアインフラ投資銀行（AIIB）……… iii, 78-91, 93-96, 166
アジア開発銀行（ADB）…… 79-81, 83-87, 91, 95 96
アジア極東経済委員会……… 81
アジア太平洋経済協力（APEC）……… 79, 93
アジア太平洋経済社会委員会……… 81
ASEAN（東南アジア諸国連合）……… 2, 80, 92
アッシャバーブ……… 157
アフリカ開発会議（TIVADVI）……… 154
アフリカ危機緊急即応能力……… 161
アフリカ待機軍（ASF）……… 160
アフリカ平和安全保障枠組（APSA）……… 160
アフリカ連合（AU）……… 159
アメリカ・ファースト……… 35, 71
アラブの春……… 144
アルカイダ……… 140
安全保障技術研究推進制度……… 118
イージス・アショア……… 4, 114
イギリスの EU 離脱……… iv, 2, 12, 20, 46
イスラム……… 1
イスラム化……… 140
イスラム国（IS）……… 3, 11, 138
イスラム主義……… 143
イスラム復興……… 143
一帯一路……… iii, 78, 79, 82, 85, 89-91, 93-96, 102, 166
移動型反乱勢力……… 159
イノベーション……… 13
移　民……… 8, 27
移民排斥……… 2, 9, 166
移民法改正……… 39
移民労働者……… 36

イラク・イスラム国（ISI）……… 141
イラク戦争……… 22
イラン制裁……… 75
インターネット……… 3
仁川上陸作戦……… 99
インド太平洋戦略……… 92
インフラの連結性……… 93
インフレターゲット……… 67
海のシルクロード……… 79
AI（人工知能）……… 3
SNS（ソーシャル・ネットワーキング・サービス）……… 3, 52, 148
SM3 ブロック 2A……… 109, 117
NSC（国家安全保障会議）……… 117
FMS（対外有償軍事援助）……… 113
F35……… 109
エリートに対する批判……… 21
欧州「懐疑」……… 28
欧州連合（EU）……… i, 84
欧米近代……… i, 1

## 【か　行】

改革開放……… 101
外国人嫌い（ゼノフォビア）……… v, 2
開放性……… 94
海洋進出……… 92
海洋秩序……… 92
カウンター・システム……… 157
格　差……… 8
格付け機関……… 87, 90, 95
核のドミノ……… 103
カトリック……… 3
壁……… 35
カリフ国……… 142
環境基準……… 84
緩衝地帯……… 102
官　邸……… 109, 117
議決権……… 83

169

| | |
|---|---|
| 議決権比率 | 82, 83, 88 |
| 気候変動 | 80 |
| 既成政党 | 47, 49, 50, 55 |
| 北朝鮮の「非核化」 | 75, 102 |
| 北朝鮮の核ミサイル危機 | 3, 102 |
| 9・11米同時多発テロ | 2, 43, 138 |
| 休戦協定 | 100 |
| Qの運動 | iv |
| 緊急外貨準備アレンジメント | 79 |
| 緊急事態条項 | 123 |
| 緊縮財政 | 25 |
| 金融危機 | 21 |
| グローバリゼーション | i, 1, 2, 5, 9, 14, 165 |
| グローバル・サウス | 1, 2 |
| グローバル化 | 12, 18, 34 |
| グローバルホーク | 114 |
| 軍供出国（TCCs） | 161 |
| 軍事化 | 140 |
| 軍事版ODA | 116 |
| 経済性 | 92, 94 |
| 高速滑空弾 | 117 |
| 古儀式派 | 3, 127 |
| 国際移住機関（IOM） | 9 |
| 国際開発銀行 | 89, 90, 95 |
| 国際協力機構（JICA） | 91 |
| 国際協力銀行（JBIC） | 91 |
| 国際金融機関 | 81, 82, 84, 86, 95, 96 |
| 国際公共財 | 82, 96 |
| 国際的な標準 | 82, 84 |
| 国際紛争の助長回避 | 112 |
| 国際ルール | 96 |
| 国産哨戒機 | 115 |
| 国連安保理決議第1674号 | 10 |
| 国連安保理決議第2397号 | 104 |
| 国連SDGs | v, 167 |
| 国家安全保障戦略 | 92 |
| 国家建設 | 156 |
| 国家防衛戦略 | 92 |
| コモンセンス（良識、共同の考え） | v, 1, 167 |

**【さ　行】**

| | |
|---|---|
| 在韓米軍 | 106 |
| サイバー | 3 |
| 債務の維持可能性 | 82, 85, 94 |
| 債務返済能力 | 95 |
| 坂の上の雲 | iv, 4 |
| サプライチェーン | 93 |
| サラフィ・ジハーディ | 142 |
| 3K労働者 | 9 |
| 3項加憲 | 123 |
| 三段階発展戦略 | 102 |
| G7伊勢志摩原則 | 91 |
| C2輸送機 | 115 |
| ジェノサイド | 157 |
| 自国中心主義 | v, 1 |
| 自国ファースト | i, 2, 4, 8, 13 |
| 事大主義 | 98 |
| 「質」の高いインフラ | 78, 91, 92, 96 |
| 紙幣本位制 | 62 |
| 社会基準 | 84 |
| 社会のピラミッド構造 | 13 |
| ジャスミン革命 | 144 |
| 自由で開かれたアジア太平洋戦略 | 93 |
| 自由で開かれたインド太平洋戦略 | 92, 93 |
| 出資比率 | 82, 83, 88 |
| 小国の知恵 | 101 |
| シリア内戦 | 139 |
| 新国際秩序 | iv |
| 真実後（ポストトゥルース） | v, 2 |
| 人種差別 | 43 |
| 進歩派の連合 | 25 |
| 人民党 | 53 |
| スコットランド国民党 | 23 |
| スコットランド住民投票 | 23 |
| 頭脳労働者 | 9 |
| 世界銀行 | ii, 79-81, 84-86, 95, 96 |
| 選挙循環 | 67 |
| 専守防衛 | 117 |
| 先進主要7か国（G7） | 78, 79, 82, 95, 165, 166 |
| 潜水艦 | 114 |

**【た　行】**

| | |
|---|---|
| 第一次世界大戦 | 1, 8 |
| 第三のローマ | 130 |

大衆の反逆 ············································· iii, 16
大転換 ····················································· ii
第二次世界大戦 ·········································· 1, 8
タウフィード・ワ・ジハード（神の唯一性と聖戦）
　　········································································ 141
多国間開発金融機関 ···························· 78, 80, 90
多国間主義 ················································· 96
タスク・フォース型 ······································ 161
脱工業化 ···················································· 51
WTO（世界貿易機関） ·································· i
弾道ミサイル ············································· 108
地球の温暖化 ············································· iii
中華秩序 ···················································· 98
中期防衛力整備計画 ··································· 112
中国-パキスタン経済回廊 ····························· 93
中産層の貧困化 ································· 8, 12, 13
中産層の没落 ············································· 12
チュチェ（主体）思想 ································ 100
THAAD（高高度ミサイル防衛システム） ···· 106
敵 ····························································· 35
テロとの戦い ············································· 139
テロリズム ········································· 1, 154
等距離外交 ················································· 101
東方正教会 ················································· 127
透明性 ·················································· 84, 94
取り残された人々 ········································ 31
ドローン ····················································· 3

【な 行】
ナショナリズム ·········································· iv, 3
難　民 ················································· 8, 9, 41
難民条約 ···················································· 10
難民の地位に関する議定書 ···························· 10
ニーコン総主教 ·········································· 129
日米同盟 ···················································· i, 4
日中第三国市場協力フォーラム ····················· 94
日本学術会議 ············································· 119
入札方式 ···················································· 89
ノマド（遊牧民） ········································· 8

【は 行】
白　人 ························································ 38

パックス・アメリカーナ ··································· 1
パックス・ブリタニカ ···································· 1
バブル循環 ················································· 63
パリ協定 ··················································· 165
パリ条約 ······················································ i
パレスチナ難民 ··············································· i
反グローバリゼーション ······························· 46
反知性主義 ··············································· v, 2
P1哨戒機 ················································· 115
非核化 ······················································ 106
東アジア地域包括的経済連携（RCEP） ········· 93
非合法滞在者 ·············································· 37
人の自由移動 ··············································· 9
プア・ホワイト ····································· 12, 14
フェイクニュース ········································ iv
武器輸出 ··················································· 111
武器輸出三原則 ·········································· 112
武器輸出版ODA ········································ 113
福祉ショーヴィニズム ································· 14
福祉ナショナリズム ······················· 2, 8, 12, 14
プッシュ要因 ··············································· 9
BRICS ···················································· 2, 4
BRICS新開発銀行 ······································· 79
プル要因 ······················································ 9
分断線 ······················································· 38
並進路線 ··················································· 105
米中貿易戦争 ········································· ii, 60
米朝首脳会談 ······································ 4, 106
平和安全保障理事会（PSC） ······················· 160
平和構築 ·················································· 156
変動相場制 ················································· 63
防衛装備移転三原則 ··································· 112
防衛装備庁 ················································ 114
貿易戦争 ···················································· 74
法の支配 ···················································· 92
ホームグロウン・テロリズム ······················ 166
北米自由貿易圏協定（NAFTA） ·················· 36
ボコ・ハラム ············································· 157
保護主義 ······················································ 1
保護する責任 ········································ 10-12
ポストコロニアリズム ···································· 1
北極圏構想 ··············································· 166

171

ポピュリスト政党 …………………………… iii
ポピュリズム ………………………… iii, 2, 13, 16, 39

【ま 行】

マイノリティ …………………………………… 34
南シナ海 ………………………………………… 4
民主主義の揺らぎ ……………………………… 2
ムスリム同胞団 ……………………………… 145
無組織層 ………………………………… 50, 51, 54
無党派層 ……………………………… 47, 51, 52, 54
明治維新150年 …………………………… iv, 1

【や 行】

融資基準 ………………………………………… 84
ユーラシア経済連合 ………………………… 166

ユーロ危機 ……………………………………… 2
ユニエイト（東方典礼カトリック教会）…… 136
ゆりかごから墓場まで ……………………… 15

【ら・わ行】

ラスト・ベルト …………………………… 51, 52
リーマン・ショック …………………… 2, 63
陸のシルクロード ……………………………… 79
冷　戦 …………………………………………… i, 1
冷戦の終結 …………………………… i, 1, 48
連結性 ………………………………… 79, 92, 96
連合王国独立党 ……………………………… 26
労働組合 ………………………………………… 36
ロシア社会民主労働党 ……………………… 132
6か国協議 ……………………………………… 102

## 執筆者紹介
(執筆順，＊は編者)

| | | |
|---|---|---|
| ＊羽場久美子(はばくみこ) | 青山学院大学国際政治経済学部教授 | プロローグ，序章，第1章，エピローグ |
| 若松邦弘(わかまつくにひろ) | 東京外国語大学大学院総合国際学研究院教授 | 第2章 |
| 大津留(北川)智恵子(おおつる(きたがわ)ちえこ) | 関西大学法学部教授 | 第3章 |
| 水島治郎(みずしまじろう) | 千葉大学大学院社会科学研究院教授 | 第4章 |
| 金子勝(かねこまさる) | 慶應義塾大学名誉教授，立教大学特任教授 | 第5章 |
| 河合正弘(かわいまさひろ) | 環日本海経済研究所代表理事・所長，東京大学特任教授 | 第6章 |
| 朱建榮(しゅけんえい) | 東洋学園大学グローバル・コミュニケーション学部教授 | 第7章 |
| 望月衣塑子(もちづきいそこ) | 東京新聞社会部記者 | 第8章 |
| 下斗米伸夫(しもとまいのぶお) | 法政大学法学部教授 | 第9章 |
| 川上泰徳(かわかみやすのり) | 中東ジャーナリスト，元朝日新聞記者 | 第10章 |
| 遠藤貢(えんどうみつぎ) | 東京大学大学院総合文化研究科教授 | 第11章 |

【編者紹介】

羽場 久美子(はばくみこ)　青山学院大学国際政治経済学部教授

ISA（世界国際関係学会）アジア太平洋地域副会長。ジャン・モネ・チェア（EU）。CHIR（世界国際関係史学会）理事。グローバル国際関係研究所所長。JAICOWS（女性科学研究者の環境改善に関する懇談会）会長。日本学術会議第一部会員（2011-17），現連携会員。

〔主要著書〕

『アジアの地域協力──危機をどう乗り切るか』（編著，明石書店，2018年）

『アジアの地域共同──未来のために』（編著，明石書店，2018年）

『アジアの地域統合を考える──戦争をさけるために』（編著，明石書店，2017年）

『ヨーロッパの分断と統合 拡大EUのナショナリズムと境界線──包摂か排除か』（中央公論新社，2016年）

『拡大ヨーロッパの挑戦──グローバル・パワーとしてのEU〔増補版〕』（中央公論新社，2014年）

『EU（欧州連合）を知るための63章』（編著，明石書店，2013年）

『グローバル時代のアジア地域統合──日米中関係とTPPのゆくえ』（岩波書店，2012年）

『国際政治から考える東アジア共同体』（共編著，ミネルヴァ書房，2012年）

『ヨーロッパの東方拡大』（共編著，岩波書店，2006年）

『21世紀 国際社会への招待』（共編著，有斐閣，2003年）

Horitsu Bunka Sha

## 21世紀,大転換期の国際社会
――いま何が起こっているのか？

2019年1月31日 初版第1刷発行

編 者　羽場久美子

発行者　田靡純子

発行所　株式会社 法律文化社

〒603-8053
京都市北区上賀茂岩ヶ垣内町71
電話 075(791)7131　FAX 075(721)8400
http://www.hou-bun.com/

印刷：㈱富山房インターナショナル／製本：㈱藤沢製本
装幀：白沢　正
ISBN 978-4-589-03983-5
©2019 Kumiko Haba Printed in Japan

乱丁など不良本がありましたら，ご連絡下さい。送料小社負担にてお取り替えいたします。
本書についてのご意見・ご感想は，小社ウェブサイト，トップページの「読者カード」にてお聞かせ下さい。

JCOPY 〈出版者著作権管理機構 委託出版物〉

本書の無断複写は著作権法上での例外を除き禁じられています。複写される場合は，そのつど事前に，出版者著作権管理機構（電話 03-5244-5088，FAX 03-5244-5089, e-mail: info@jcopy.or.jp）の許諾を得て下さい。

|  |  |
|---|---|
| 佐藤史郎・川名晋史・上野友也・齊藤孝祐編<br>**日本外交の論点**<br>Ａ５判・310頁・2400円 | 安全保障や国際協力，経済，文化にも視野を広げ，日本が直面している課題を広範に収録。「すべきである／すべきでない」の対立を正面から取り上げつつ，学術的な基盤に裏打ちされた議論のセットを提供する。アクティブラーニングに最適な日本外交論テキスト。 |
| 河田潤一著<br>**政治学基本講義**<br>Ａ５判・224頁・2500円 | 欧米の主要な理論家たちを取り上げ，民主主義論・政治権力論・政治文化論・政治参加論の観点から現代政治学の生成と発展過程を解説。基礎知識や主要な理論，概念，学説に加え，アクチュアルな論点も扱うコンパクトな基本書。 |
| 坂本治也編<br>**市民社会論**<br>―理論と実証の最前線―<br>Ａ５判・350頁・3200円 | 市民社会の実態と機能を体系的に学ぶ概説入門書。第一線の研究者たちが各章で①分析視角の重要性，②理論・学説の展開，③日本の現状，④今後の課題の４点をふまえて執筆。３部16章構成で理論と実証の最前線を解説。 |
| 杉田敦編<br>**デモクラシーとセキュリティ**<br>―グローバル化時代の政治を問い直す―<br>Ａ５判・224頁・3900円 | 政治理論が主に考究してきたデモクラシーの問題と，国際政治学が主に扱ってきたセキュリティの問題がグローバル化の中で交差している。第一線の政治学者・国際政治学者が境界線の再強化，テロリズム，日本の安保法制・代議制民主主義の機能不全などの政治の諸相を深く分析。 |
| 川名晋史・佐藤史郎編<br>**安全保障の位相角**<br>Ａ５判・222頁・4200円 | 日本の外交・安全保障をめぐる議論が左右に分極化して交わらず，硬直が続いている。二項対立の図式が鮮明な８つの争点を取り上げ，《位相角》という新たな分析概念を用いることで，現実主義／理想主義といった思考枠組みを脱却した政策的選択肢を導き出す。 |

―法律文化社―

表示価格は本体（税別）価格です